DEBUT D'UNE SERIE DE DOCUMENTS
EN COULEUR

Les Juifs avant le Messie

I

DÉVELOPPEMENT

politique et religieux du peuple juif

PAR

A. PAULUS

Agrégé de l'Université

Suscepit Israel puerum suum,
sicut locutus est ad patres nostros
Abraham et semini ejus.

Luc., I, 54-55.

PARIS

LIBRAIRIE BLOUD & Cⁱᵉ

4, RUE MADAME ET RUE DE RENNES, 59

—

1905

SCIENCE ET RELIGION

Études pour le temps présent. — Prix 0 fr. 60 le vol.

1 **Certitudes scientifiques et Certitudes philosophiques,** par A. DE LA BARRE, prof. à l'Institut catholique de Paris...   1 vol.

2 **L'Ame de l'homme,** par J. GUIBERT, supérieur du Séminaire de l'Institut catholique de Paris....   1 vol.

3 **Faut-il une religion ?** par M. l'abbé GUYOT, ancien professeur de Théologie....   1 vol.

4 *Du même auteur :* **Pourquoi y a-t-il des hommes qui ne professent aucune religion ?**...   1 vol.

5 **Nécessité scientifique de l'existence de Dieu,** par Pierre COURBET....   1 vol.

6 *Du même auteur :* **Jésus-Christ est Dieu**....   1 vol.

7 8 9 **Etudes sur la Pluralité des mondes habités et le dogme de l'Incarnation,** par le R. P. ORTOLAN, membre de l'Académie de Saint-Raymond de Pennafort et de la Société astronomique de France....   3 vol.
   I. — *L'Epanouissement de la vie organique à travers les Plaines de l'infini*....   1 vol.
   II. — *Soleils et Terres célestes*....   1 vol.
   III. — *Les Humanités astrales et l'Incarnation*....   1 vol.
   Chaque volume se vend séparément.

10 **L'Au-delà ou la Vie future d'après la Foi et la Science,** par M. l'abbé J. LAXENAIRE, de l'Académie de Saint-Thomas d'Aquin, professeur de Théologie....   1 vol.

11 **Le Mystère de l'Eucharistie. — Aperçu scientifique,** par M. l'abbé CONSTANT, docteur en Théologie....   1 vol.

12 **L'Eglise catholique et les Protestants,** par G. ROMAIN.   1 vol.

13 **Mahomet et son œuvre,** par I.-L. GONDAL, supérieur du grand séminaire de Toulouse....   1 vol.

14 15 **Christianisme et Bouddhisme,** par M. l'abbé THOMAS, vicaire général de Verdun....   2 vol. Prix : 1 fr. 20

16 **Où en est l'Hypnotisme,** son histoire, sa nature et ses dangers, par A. JEANNIARD DU DOT....   1 vol.

17 *Du même auteur :* **Où en est le Spiritisme,** sa nature et ses dangers....   1 vol.

18 **L'Apologétique historique au XIX° siècle. — La critique irréligieuse de Renan.** (*Les précurseurs. — La Vie de Jésus. — Les adversaires. — Les résultats*), par l'abbé Ch. DENIS.   1 vol.

19 **Nature et Histoire de la liberté de conscience,** par le chanoine CANET, docteur en philosophie et ès lettres de l'Université de Louvain....   1 vol.

20 **L'Animal raisonnable et l'Animal tout court,** *Etude de Psychologie comparée,* par C. DE KIRWAN....   1 vol.

21 **La Conception catholique de l'Enfer,** par L. BRÉMOND, docteur en Théologie....   1 vol.

22 **L'Eglise russe,** par I.-L. GONDAL....   1 vol.

23 **La Fausse Science contemporaine et les Mystères d'Outre-tombe,** par le R. P. ORTOLAN....   1 vol.

24 *Du même auteur :* **Vie et Matière ou Matérialisme et Spiritualisme en présence de la Cristallogénie**....   1 vol.

25 *Du même auteur :* **Matérialistes et Musiciens**....   1 vol.

26 **Le Mal,** sa nature, son origine, sa réparation. *Aperçu philosophique et religieux,* par M. l'abbé CONSTANT....   1 vol.

27 **Dieu auteur de la vie,** par M. l'abbé THOMAS, vicaire général de Verdun....   1 vol.

28 *Du même auteur :* **La Fin du monde d'après la Foi.**   1 vol.

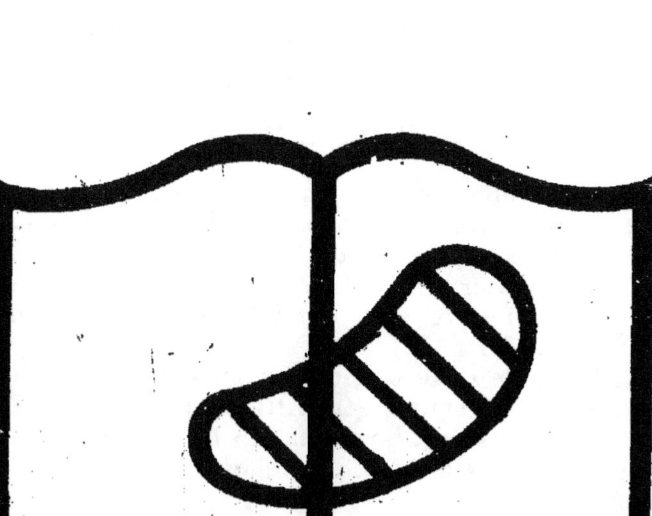

Illisibilité partielle

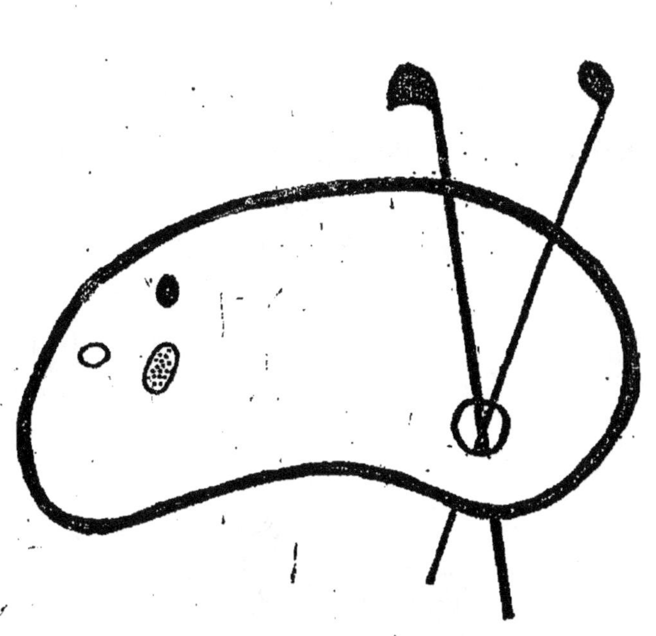

FIN D'UNE SERIE DE DOCUMENTS
EN COULEUR

SCIENCE ET RELIGION
Etudes pour le temps présent

Les Juifs avant le Messie

I

DÉVELOPPEMENT

politique et religieux du peuple juif

PAR

A. PAULUS

Agrégé de l'Université

Suscepit Israel puerum suum,
sicut locutus est ad patres nostros
Abraham et semini ejus.

Luc., I, 54-55.

PARIS

LIBRAIRIE BLOUD & Cⁱᵉ

4, RUE MADAME ET RUE DE RENNES, 59

1905

niversité Catholique
DE L'OUEST
—
aculté de Théologie

Angers, le 25 mai 1904

Je vous renvoie votre manuscrit que j'ai lu avec attention et vous donne bien volontiers le *nihil obstat* que vous demandez. Votre travail est une excellente esquisse de l'histoire des Hébreux, facile à lire et n'offre aucune difficulté au point de vue doctrinal.

A. LEGENDRE

ÉVÊCHÉ
DE
VANNES

Vannes, le 9 juin, 1904

Vu le rapport général qui a été fait par M. le Vicaire général Kerdaffrec, curé-archiprêtre de Pontivy sur un ouvrage intitulé « Les Juifs et le Messie » ;

Vu le « Nihil obstat » donné aux trois volumes à part sous le titre « Les Juifs avant le Messie, », par Mgr Legendre, doyen de la faculté de théologie d'Angers, nous accordons bien volontiers la permission d'imprimer.

E. DIEULANGARD
vic. cap.

PRÉFACE

Mes études juives étaient prêtes pour la publication, sous le titre « Les Juifs et le Messie », quand se produisirent, sous prétexte d'exégèse sur l'évangile de saint Jean, d'étranges théories sur l'histoire de Notre-Seigneur. Mes éditeurs me demandèrent d'imprimer immédiatement les chapitres opposés à des doctrines aussi néfastes. Nous fûmes heureux de nous rendre à leur désir.

Aujourd'hui la question est finie, Rome a parlé. Je peux revenir avec calme à mes travaux sur l'antiquité hébraïque et les donner dans une série de trois nouveaux volumes de la collection « Science et religion ». Le premier montre le développement religieux et politique des anciens Juifs, les deux suivants leur développement moral et social avant et après Moïse.

Puisse le public accueillir avec la même bienveillance que les précédentes ces pages écrites pour la cause de la vérité.

LES JUIFS AVANT LE MESSIE

Développement politique et religieux du peuple juif.

I

LES ORIGINES

Vers l'époque où Hammourabi régnait en Chaldée (1), une tribu, gouvernée par le patriarche Tera'h, était cantonnée près de 'Hârân (2) en Mésopotamie. C'était une vieille tribu soumise depuis des siècles aux empires qui dominèrent l'Asie antérieure entre le troisième et le deuxième millénaire avant notre ère. Aussi n'était-elle plus, comme à l'origine, « une petite société composée d'individus issus du même père, qui, liés par un attachement de parenté, continuent de vivre les uns à côté des autres, dans le but de se protéger mutuellement et de pourvoir en commun à leurs besoins généraux (3). » Aux descendants du premier ancêtre, toujours soumis au chef de la lignée, désigné par la primogéniture dans la branche aînée, étaient venus se joindre des clients, attirés par le renom d'un des « patriarches », et des esclaves, enlevés par la guerre ou achetés aux étrangers. Ces serfs partageaient la vie des hommes libres, fré—

---

(1) Dates extrêmes de l'avènement : 2394 (Oppert), 2139 (Karl Niebuhr).

(2) Carrhœ, aujourd'hui Harran au S.-E. d'Edesse.

(3) ALFRED MAURY, *La Terre et l'homme*, p. 504.

quemment ils se confondaient avec ceux-ci et, plus souvent encore, leurs fils devenaient les égaux des enfants d'origine ingénue.

La Bible nomme le premier ancêtre de la tribu, Schêm, fils de Nôa'h, et, aux degrés intermédiaires entre Schêm et Tera'h, Arphakschad, Schéla'h, 'Eber, Peleg, Re'oû, Seroûg et Nâ'hôr (1). Cette liste est évidemment incomplète et ne saurait suffire à lier par une chaîne ininterrompue les deux patriarches (2). Un grand hiatus semble exister entre Schêm et Arphakschad, car le nom significatif donné au deuxième patriarche post-diluvien éveille l'idée du voisinage du Chaldéen. Or le peuple chaldéen n'existait pas au lendemain du déluge (3).

(1) A cause des conséquences historiques qui en découlent, nous devons employer les formes hébraïques pour les noms des patriarches post-diluviens qui sont écrits dans la Vulgate, Noé, Sem, Arphaxad, Séla, Héber, Phaleg, Réhu, Sarug, Nachor et Tharé. Nous revenons ensuite à l'usage commun.

(2) Même en suivant le système chronologique tiré du texte des Septante qui donne 1245 ans entre le déluge et la vocation d'Abraham (hébreu 365 ans, samaritain 1015). Les exégètes orthodoxes les plus *conservateurs* admettent l'existence de lacunes dans les *thôledôth* ou généalogies de *Gen.*, v et xi.

(3) La conclusion est la même dans l'hypothèse de l'universalité anthropologique du déluge et dans l'hypothèse de la non-universalité. Dans la première, il faut laisser à l'humanité post-diluvienne le temps de croître, de former des tribus et des nations et, comme conséquence, Arphakschad ne peut pas être placé avant l'événement de Babel, quand les Sémites viennent se heurter dans la plaine de Sennaar contre les Kouschites de la race de Cham, partis longtemps avant eux du berceau de l'humanité post-diluvienne (sans doute le grand plateau central asiatique) et constitués en empire. Dans la seconde hypothèse, un peuple proto-chaldéen, les Sumériens, peut avoir été contemporain du déluge sans avoir ressenti les effets du cataclysme ; mais là encore il faut des siècles pour que l'humanité noachide ait envoyé en Mésopotamie un puissant rameau qui, se mêlant à l'élément ethnique antédiluvien venu du Nord,

Arphakschad ne peut être appelé fils de Schêm qu'au sens large de descendant éloigné dans la ligne directe. Les premiers développements de la tribu nous sont donc complètement inconnus jusqu'au jour où, entrée dans la plaine de Sennaar par l'orient (1), elle se fixa dans le pays, probablement dans la Babylonie propre (2), près des Chaldéens déjà constitués en nation.

L'autorité des vieux souverains chaldéens sur leurs Etats, formés par un assemblage confus de petites principautés et de clans errants, n'avait rien qui ressemblât à celle des monarques modernes sur des royaumes fortement centralisés, où l'administration supérieure intervient, quelquefois abusivement, dans la vie intérieure des sujets. Le prince exigeait de ces sociétés minuscules « des redevances, des contingents militaires, des marques d'obéissance extérieure, mais il respectait leur constitution personnelle, leurs mœurs, leur religion : elles achetaient, au prix d'une rançon périodique, le droit de vivre à leur guise, et le maître n'intervenait dans leurs affaires que le jour où leurs dissensions intestines et leurs querelles risquaient de compromettre sa suzeraineté (3). »

La tribu d'Arphakschad demeura pendant des siècles sous ce régime de demi-liberté et à l'état semi-nomade, comme les tribus arabes actuelles de la Mésopotamie et de la Syrie vivent près des villes habitées par les populations sédentaires, conduisant leurs troupeaux à la vaine

lui ait imposé l'usage d'une langue dite *sémitique* (quoique cette langue fût parlée par des Chamites, voir la note 3, page 8).

(1) *Gen.*, xi, 2.

(2) F. Delitzch, *Wo lag das paradies ?* p. 263-264.

(3) Maspero, *Hist. anc. des peupl. de l'Orient classique,* t. II, p. 59.

pâture et cultivant quelques terres pendant leurs séjours temporaires dans certains cantons. La marche de la tribu pendant cette période, c'est-à-dire depuis son entrée dans le Sennaar jusqu'au jour où la Bible nous la montre campée près d'Our (Oûr Kaschdîm), la moderne Moughéir, sur la rive droite et non loin de l'embouchure de l'Euphrate, peut se déduire des noms des patriarches. Schela'h (impulsion) marque le commencement de la migration ; 'Eber (passage), représente le moment où le groupe franchit l'Euphrate. Maintenant 'Eber était-il le petit-fils ou un descendant plus éloigné d'Arphakschad ? Rien ne nous le dit (1). Le nom de Peleg (division) rappelle le départ d'une partie de l'agglomération avec Yâqtân (Jectan) qui émigra en Arabie (2) Sous Téra'h les Hébreux quittèrent Our dans l'intention de se rendre dans la terre des fils de Kenâ'ân, mais le patriarche s'arrêta à 'Hârân.

La tribu participait dans une certaine mesure à la civilisation chaldéenne dont l'influence était alors prépondérante dans l'Asie antérieure (3). Au point de vue matériel l'action d'une société avancée sur les pasteurs favorisait le développement du bien-être dans les douars ; mais, à l'époque où nous prenons les Taréchites, l'action religieuse de leurs voisins avait été déplorable sur eux (4). Après avoir gardé longtemps intacte la croyance

---

(1) 'Eber est l'éponyme des Hébreux, 'Ebrîm, Benê-'Eber, les hommes venus de l'autre côté de la rivière. A l'origine le mot avait donc une signification plus étendue que celle que nous lui donnons aujourd'hui et il s'appliquait aux différentes agglomérations issues des Taréchites.

(2) *Gen.*, x, 25-30.

(3) L'Egypte ne pensait pas alors aux conquêtes ; elle faisait quelques expéditions en Syrie pour châtier les nomades.

(4) Sur la religion de la Chaldée, voir MASPERO, *Op. cit.*

monothéiste, ils cessaient de repousser les idées poly-
théistes et ils admettaient l'inhabitation des divinités
dans les téraphim (1), petites idoles qu'ils transpor-
taient de campement en campement (2) comme des
instruments de divination pour la tribu ou les particuliers. Le plus grand nombre des Taréchites et les chefs
eux-mêmes passaient au fétichisme (3). Abrâm (Abraham), fils aîné de Tera'h était resté fidèle au Dieu de ses
ancêtres (4), Yahveh lui parla : « Sors de ton pays, de
ta parenté et de la tribu (5) de ton père, viens dans la
terre que je te montrerai. »

t. I ; RAWLINSON, *On the religion of the Babylonians and
Assyrians* ; SAYCE, *The religion of the ancient Assyrians.*

(1) TÉRAPHIM, De *rapha*, « guérir, assister ».

(2) *Gen* , XXXI, 33 sq.

(3) Josué dira plus tard aux Hébreux : « Timete Dominum
(hébreu, Yahveh, le nom propre de Dieu) et servite ei per-
fecto corde atque verissimo et afferte deos (hébreu elohim,
les dieux, au pluriel de nombre) *quibus servierunt patres vestri in Mesopotamia et in Ægypto* (*Jos.*, XXIV, 14).

(4) Le Coran (sourate VI, 75-79) prétend qu'Abraham revint au
monothéisme par la contemplation du spectacle de la nature
dont les merveilles lui démontrèrent l'existence du Créateur.
Le même livre, recueillant, selon sa coutume. quelques récits
rabbiniques, ajoute qu'Abraham aurait alors été persécuté
par sa famille. L'Eglise syriaque fait mémoire de l'épreuve du
feu subie par le patriarche. Cette tradition provient sans doute
d'une fausse interprétation du mot Oûr qui signifie à la fois la
ville d'Our et le feu, la flamme. Saint Jérôme qui connaissait
fort bien Oûr Kaschdîm (*Quæst. hebr. in Genes.*, XI, 28), s'est
laissé surprendre dans *Néhémie*, IX, 7 : « C'est toi, Yahveh, qui
as choisi Abraham et l'as fait sortir d'Our Kaschdim », il a
écrit : *Eduxisti eum de igne Chaldæorum.*

(5) Littéralement « de la maison de ton père ». En hébreu,
le mot *beth*, « maison », a de nombreuses acceptions et peut
signifier (comme en français) la famille, la lignée, la dynastie,
la tribu, la nation, comme la domesticité, les gens attachés à
la personne du chef.

Telle est la *vocation d'Abraham*. La mission du patriarche était de sauvegarder le dépôt de la vérité religieuse. Il se hâta d'obéir et son émigration provoqua un démembrement de la tribu comme au temps de Peleg. Mais, selon une hypothèse, accueillie favorablement par quelques exégètes catholiques et même par des écrivains rationalistes qui reconnaissent dans le récit biblique la trace d'une rénovation morale à l'époque du patriarche, le Père des croyants (1) laissant la grande majorité des Térachites à son frère Na'hor, n'aurait emmené avec lui que de fidèles adorateurs de Yahveh (2). Les mêmes auteurs, ajoutent, non sans vraisemblance, que, dans la terre de Chanaan, sa nouvelle patrie, Abraham se fit le prédicateur de l'antique foi unitaire et rallia autour de lui les fidèles qui vénéraient le vrai Dieu sous le vieux nom de *El*, donné au Créateur dans toutes les langues syro-arabes comme un souvenir de l'âge où les Sémites et les Chamites n'étaient pas encore tombés dans le polythéisme (3).

(1) *Rom.*, iv, 11.

(2) L'hypothèse n'a rien de contraire au texte et on pourrait l'appuyer sur l'ordre même de Dieu indiquant au patriarche de rompre complètement avec « la maison » de son père.

(3) Parmi les peuples qui parlent les langues dites *sémitiques* et qu'il aurait mieux fallu, selon la remarque de F. Lenormant (*Hist. anc. de l'Orient*, t. I, p. 371) nommer langues syro-arabes, parce que cette dernière expression, toute géographique, ne préjuge aucune question ethnographique, l'école catholique distingue, en s'appuyant sur le tableau ethnogénique de *Gen.*, x, des Sémites et des Chamites. L'école rationaliste, voyant seulement la ressemblance des langues, conclut à l'existence d'une seule famille de peuples qu'elle nomme *sémitiques*, sans les rattacher d'ailleurs au fils aîné de Noé, considéré comme un personnage mythique. Mais, quand on va au fond des choses, la question des origines ne comporte pas deux solutions bien différentes. Pour les rationalistes les peuples qui parlent les

Il est du moins certain qu'à son arrivée dans la Palestine, Abraham se trouvait le chef politique et militaire, le juge et le prêtre d'une troupe forte cinq à six cents hommes (1). Pendant vingt-cinq ans il prépara ses compagnons à l'alliance avec Yahveh, ordonnant à sa maison, — ici le mot doit évidemment s'entendre de la tribu entière, — d'observer les commandements et les cérémonies du Seigneur (2). Ces commandements et ces

langues syro-arabes sont des peuples *frères* ; nous, nous distinguons parmi eux des *frères* et des *cousins germains* ayant parlé une langue commune au berceau de la lignée familiale. Cela, on l'avouera sans peine, importe peu aux conclusions pratiques en linguistique et en ethnographie.

Nous n'avons qu'à attendre. Un jour ou un autre des découvertes nouvelles ou des études plus approfondies contraindront l'école rationaliste à rendre justice aux témoignages bibliques. Qu'on se rappelle les sarcasmes passés à propos de Chodorlahomor. Aujourd'hui Koutourlagamar figure parmi les rois authentiques de Suse.

A propos de ce prince, il nous sera permis de faire une remarque. M. Maspero (*op. cit.*, t. II, p. 47, note 5) après avoir cité les assyriologues, Delitzsch-Murdter, Hommel, Fr. Lenormant, Oppert, les deux Rawlinson, Sayce, F. Schrader, G. Smith, qui reconnaissent l'identité du Chodorlahomor et de Koutourlogamar, ajoute : « Par contre, la plupart des « théologiens » ont refusé tout crédit à cette histoire ». Pour M. Maspero, ces « théologiens » sont Nöldeke, Reuss, Tiele et Winckler. On nous permettra de contester le titre donné à ces écrivains : rationalistes ils sont et rationalistes ils demeureront, ayant fort peu de relation avec la théologie. Ils ont nié l'historicité du chapitre XIV de la Genèse pour le même motif que d'autres s'inscrivent en faux contre l'existence des fils de Noé et le motif, avoué ou non, n'est autre que le désir de trouver les Livres saints en défaut.

(1) Abraham arma trois cent dix-huit hommes contre Chodorlahomor. Il les choisit parmi les plus expérimentés (*hanichai*, Vulgate *expeditos*) ; il laissa évidemment une garde à son camp et des pasteurs à ses troupeaux.

(2) *Gen.*, xviii, 19.

cérémonies, — legs d'un temps plus ancien et qui devaient être plus tard recueillis par le mosaïsme (1), — comprenaient l'adoration du Dieu un, la prohibition des téraphim, les sacrifices d'animaux purs, l'observation du sabbat et l'abstention du sang dans la nourriture. Les membres de la tribu, informés des promesses faites dans les théophanies dont leur scheikh était honoré et dont quelques unes, comme la possession de la Palestine, se rapportaient à leurs propres descendants, s'attachaient chaque jour davantage à Yahveh. L'heure de l'alliance sonna enfin et Dieu y admit les esclaves comme les hommes libres ; tous reçurent l'ordre d'imprimer sur leur chair le sceau de la circoncision comme la marque de leur union avec El Schaddaï, le Dieu tout puissant, l'Elohim d'Abraham.

Abraham éloigna de la Palestine les fils de ses pallacides, Agar et Céthura, qui ne devaient pas hériter des promesses faites à Isaac, le fils de Sara, « la princesse », et s'endormit avec ses pères. La tribu se modifia peu sous son nouveau chef. Esaü, qui faisait fi de la vie pastorale, abandonna le douar paternel pour les montagnes de Séir ; il emprunta seulement à l'agglomération quelques aventuriers audacieux, quelques pirates du désert, désireux de se signaler dans de périlleuses entreprises. Jacob, au contraire, devait doubler la force de la tribu abrahamide. Parti en fugitif pour la Mésopotamie, il revint avec une troupe de Taréchites et d'Araméens, assez nombreuse pour inspirer de l'effroi aux habitants de Sichem lors du rapt de Dina. Il purifia son camp des téraphim et des bijoux idolatriques apportés par ses compagnons et, peu après, la fusion des groupes d'Isaac et de Jacob constitua les Benê-Israël.

(1) R. P. E. PRAT. — *Le Code du Sinaï*, p. 6-10.

Quelques années s'écoulèrent, Jacob passa en Egypte avec sa famille personnelle et sa tribu.

II

LA FORMATION DES TRIBUS EN ÉGYPTE

Pendant des siècles les Egyptiens s'étaient efforcés d'empêcher les nomades de l'Est de pénétrer dans le Delta. Toujours leurs tentatives avaient été vaines, des groupes passaient à travers les lignes militaires organisées pour la défense de la frontière. Les pharaons thébains de la xii° dynastie avaient inauguré un autre système politique et ils avaient accueilli tous les immigrants afin de combler les vides faits parmi les habitants par des troubles récents. Des tribus entières avaient été autorisées à se fixer sur le sol et à y vivre sous leurs chefs particuliers. Il s'était ainsi formé, dans la terre de Gessen ou de Goshen, entre Tanis et Mendès au nord, Bubaste à l'ouest et Héliopolis au sud, une population qui n'avait rien de commun, quant à l'origine ethnique, la langue, la religion et les mœurs, avec les fils de Mitsraïm. Ces étrangers avaient été les premiers à se soumettre aux Hyksos ou Pasteurs quand ceux-ci s'étaient présentés en conquérants et avaient établi leur camp retranché de Hâ-ouârît (Avaris, aujourd'hui Tell-el-Her).

Les Hyksos régnaient en Egypte quand Abraham entra dans la terre de Chanaan. Peu après le patriarche fut contraint de chercher un refuge momentané chez eux pendant une de ces disettes endémiques dans la Palestine méridionale après une sécheresse prolongée. Jacob, à son tour, dut avoir recours au Delta pour sa subsistance dans des circonstances identiques. Mais alors son fils Joseph était devenu le ministre du pharaon Apépi et il fournit un établissement à la tribu paternelle dans la terre de Gessen.

Dès le premier jour cet évènement eut une influence capitale sur le développement historique de la race hébraïque en accentuant ses tendances vers la vie sédentaire. Déjà, au milieu des Chananéens, les Bené-Israël s'étaient localisés dans le sud du pays et Sichem avait été leur station la plus septentrionale. A plus forte raison, sur le territoire égyptien, furent-ils cantonnés dans des limites plus étroites, fixées par les concessions du pharaon, et sans pouvoir empiéter sur les stations affectées aux autres colons asiatiques admis à domicile dans les confins orientaux du Delta. Nombreux comme ils étaient, ils se divisèrent entre plusieurs résidences. Cette division se fit d'après les fils de Jacob qui sans doute avaient déjà leur « maison » et peut-être leur douar particulier dans la terre de Chanaan (1). Telle est l'origine de la division du peuple en tribus.

Avant de mourir Jacob concéda le droit d'aînesse à Joseph et répartit entre les deux fils de celui-ci, Ephraïm et Manassé, la double part de l'héritage paternel, concédée, selon la coutume, à l'enfant privilégié. Les frères du ministre, qui craignaient une vengeance tardive de leur victime d'autrefois (2), ne firent aucune opposition à la dernière volonté de leur père : pour sauver leur propre vie, ils auraient plutôt abandonné leurs lots à leurs

____

(1) Le fait est certain pour Juda. *Gen.*, xxxviii, 1.
(2) *Gen.*, l, 15-21.

neveux. Ces lots comprenaient à la fois des biens et des personnes et ainsi furent constituées les treize tribus.

Mais, il convient de le remarquer, Ephraïm et Manassé n'étaient pas seulement héritiers de leur aïeul Jacob pour l'héritage hébraïque, ils l'étaient également de leur père Joseph pour l'héritage égyptien, sans avoir à partager ce dernier avec leurs oncles. Or les éminents services du ministre, le second en dignité du royaume (1), avaient été récompensés, à la manière pharaonique, par des donations de domaines et de serfs attachés à la glèbe (2). Ces serfs cultivaient, moyennant une redevance au maître, les terres de celui-ci. « Il était obligés à se faire inscrire périodiquement sur des registres tenus à cet effet par des scribes gouvernementaux, registres qui portaient non seulement leurs noms et leur état-civil, mais leur signalement très détaillé, et des remarques sur leur bonne et leur mauvaise conduite. On les cédait avec la propriété du sol ; ils ne pouvaient pas sortir du territoire sans la permission du gouvernement et même il leur fallait obtenir un passeport pour circuler dans l'intérieur de l'Egypte (3). »

Les domaines de Joseph ne pouvaient se trouver que dans le Delta, car les Pasteurs ne s'étaient guère fixés au-delà du Fayoum, et sans doute dans la terre de Ges-

---

(1) « Je ne serai au-dessus de toi que par le trône », dit le pharaon Apépi II à Joseph (*Gen*, xli, 40). Nous trouvons, dans l'inscription d'Ouna, que le pharaon Metesouphis avait également accordé à son ministre d'être « le second en rang » dans le royaume. Maspero, *Op. cit.*, t. I, p. 423.

(2) C'est la condition des serfs, *miritiou*, dans les textes de toutes les époques. Ils sont énumérés entre les champs et les bestiaux dépendant d'un temple ou d'un seigneur. Maspero, *Op. cit.*, I, 327.

(3) F. Lenormant, *Hist. anc. de l'Orient*, t. III, p. 17.

sen, sous la protection du camp d'Avaris. Les serfs des domaines, étant donnée la situation des biens, étaient plutôt asiatiques par la race que proprement égyptiens. Après la mort du ministre, Ephraïm et Manassé unirent l'héritage de leur père à celui de leur aïeul et il se produisit évidemment, dans une certaine mesure, une fusion de l'élément hébraïque et de l'élément asiatique parmi les gens relevant de leur autorité.

La séparation des hommes entre les fils des patriarches rend fort bien compte de la naissance des tribus et de la formation des groupes secondaires, « les familles » ou « les maisons, » dans chacune des tribus. Mais nous devons le remarquer, dans l'ordre politique, la division s'arrêta à ce second degré, tandis qu'elle se continuait dans l'ordre civil et privé. Une telle régularité dans le domaine politique ne s'explique pas sans l'intervention du pouvoir étranger qui, à une époque rapprochée du second partage, intervint pour fixer les cadres du peuple soumis à sa domination et les maintint immuables pendant toute la durée du séjour en Egypte (1).

Dans l'organisation politique des tribus, le descendant direct de l'éponyme dans la branche aînée

(1) Prenons la tribu de Ruben comme exemple. Nous lisons dans la Genèse : « Voici les noms des enfants d'Israël (le patriarche Jacob) qui entrèrent en Egypte lorsqu'il y vint avec ses enfants. Le premier-né (son droit d'aînesse lui fut enlevé, voyez *Gen.*, XLIX) était Ruben et les enfants de Ruben Hénoch et Phallu, Hesron et Charmi ». Passons au livre des Nombres, à l'un des dénombrements faits dans le désert après l'exode et nous voyons le renseignement suivant : « Ruben fut l'aîné d'Israël ; ses fils furent Hénoch, de qui sortit la famille des Hénochites ; Phallu, de qui sortit la famille des Phalluites ; Hesron, de qui sortit la famille des Hesronites, et Charmi de qui sortit la famille des Charmites: *Gen.*, XLVI; 8-9; *Num.*, XXVI, 28-37.

exerçait l'autorité sur la tribu entière avec le titre de *prince* ou *nassi*. Les descendants des fils puinés, dans l'ordre de primogéniture, étaient les *anciens* (*zékénim*) ou les *pères de famille* (*beth aboth*) et dominaient sur leurs lignées respectives auxquelles ils transmettaient les directions données par le prince de la tribu. Une telle organisation admettait-elle un chef suprême des treize tribus? La réponse doit être plutôt négative car si certains indices permettent de supposer qu'à l'origine la tribu d'Ephraïm a exercé une sorte de suprématie sur le reste du peuple en vertu de la désignation de son chef par Jacob comme possesseur du droit d'aînesse dans la famille de Joseph (1), cette suprématie ne fut pas continuée en puissance comme elle pouvait l'être en droit. Sans doute les pharaons auront craint de donner trop d'importance à un chef auquel aurait été dévolue l'autorité sur tous les Benê-Israël.

Sous la domination des Hyksos, les Hébreux étaient des alliés ou des sujets privilégiés. Comme les autres tribus asiatiques de la frontière, ils avaient pu avoir leurs démêlés avec des voisins sans que les pharaons d'Avaris aient accordé une grande attention à des conflits d'ordre secondaire (2). Mais la situation changea pour les Hébreux quand les Pasteurs furent chassés du Delta par le pharaon thébain Ahmès ou Ahmosis. Le restaurateur de la domination nationale sur l'Egypte septentrionale permit aux Asiatiques, qui ne se retirèrent pas en Syrie avec les vaincus, de garder à titre de colons les terres qu'ils tenaient de ses prédécesseurs

____

(1) *Gen.*, XLVIII, 13-20.

(2) Echec des Ephraïmites contre les gens de Geth. I *Chron.*, VII, 20.

étrangers (1), mais « il détruisit le camp d'Avaris, cantonna ses officiers dans les villes, construisit des châteaux aux points stratégiques ou releva les anciennes citadelles pour se garder contre les incursions des Bédouins : les vaincus furent comme emmaillés dans ce réseau de places fortes (2) » et réduits à l'état servile. « Ils durent peiner l'année entière, labourer, semer, tirer la *shadouf* du soir au matin pendant des semaines, courir à la corvée dès la première réquisition, payer un impôt lourd et cruel, tout cela sans être assurés au moins de jouir en paix de ce qu'on leur laissait ou d'en faire profiter leurs femmes et leurs enfants (3) ».

Quoique pesant, le joug fut encore supportable sous les Thoutmès ; les conquêtes lointaines amenaient en foule des prisonniers pour les dures besognes ; mais après les troubles qui suivirent l'avènement de Ramsès I, l'Egypte fut réduite à compter sur ses habitants pour l'érection de ses grands édifices et bientôt monta sur le trône Ramsès II (Sésostris) passionné pour les bâtiments. « Il est pour ainsi dire impossible, remarque Mariette, de rencontrer, dans la vallée du Nil, une ruine, une butte antique, sans y lire son nom (4) ». Les Hébreux furent employés à l'entretien du canal du Delta à la mer Rouge et à la construction des villes de Ramesses et de Pithom.

La délivrance était proche ; le résultat providentiel du séjour dans la terre de Gessen était obtenu, les Hébreux étaient devenus une nation ; s'ils étaient demeurés dans la Palestine beaucoup auraient formé des groupes no-

(1) F. LENORMANT, *Hist. anc. de l'Orient*, t. II, p. 158.
(2) MASPERO, *Op. cit.*, t. II, p. 88.
(3) MASPERO, *Op. cit.*, t. I, p. 339.
(4) MARIETTE, *Hist. d'Egypte*, p. 60.

mades poussant leurs troupeaux devant eux à travers l'Orient.

III

LES INSTITUTIONS DE MOÏSE.

Moïse, le futur législateur du peuple hébreu, fut formé dans sa première jeunesse à l'amour de son Dieu et de ses frères (1) ; il fut ensuite reçu à la cour comme fils adoptif de la princesse Thermouthis, « instruit dans toute la science des Egyptiens (2) », initié à la législation civile, aux procédés de gouvernement et aux méthodes de guerre. Tel était, en effet, le programme de l'éducation donnée aux héritiers de l'aristocratie par des scribes de haut rang (3). Sans doute Moïse exerça ensuite quelque charge publique selon la coutume suivie relativement aux élèves sortis de l'école des « Enfants Royaux (4) ».

(1) Quelques érudits limitent le séjour de Moïse dans la maison paternelle au temps de l'allaitement qui, dans l'Orient, chez les Hébreux, comme chez les Egyptiens et les Chaldéens, durait ordinairement trois ans. Mais Moïse fut conduit au palais à l'âge de puberté. L'hébreu, traduit littéralement (verbe gâdal), donne « l'enfant devenu grand », mais par comparaison avec *Gen.*, xxv, 28 ; xxviii, 14 et I *Reg.*, xii, 8, on voit qu'il s'agit d'un jeune homme. C'est le sens adopté par les Septante et saint Jérôme s'est servi, dans sa traduction, du mot *adultus.*

(2) *Act.*, vii, 22.

(3) Maspero, *Op. cit.*, t. I, p. 276, 280.

(4) Josèphe (*Ant. jud.*; II, v), affirme le fait, mais son récit est mêlé de telles imaginations qu'on ne peut le mentionner que sous bénéfice d'inventaire et comme un roman inspiré par quelque réminiscence dramatisée.

Le fait devient presque une certitude quand on considère la vie publique du législateur ; on constate chez lui, au-dessous et à côté de l'assistance divine, une maturité de décision, une connaissance des hommes et des choses qui s'acquièrent seulement par la pratique des affaires. Dieu s'était plu à former de longue main le prophète à sa future mission de chef de peuple.

Quoi qu'il en soit, Moïse, renonçant aux brillantes destinées qui pouvaient l'attendre au milieu des Egyptiens, retourna vers ses frères dont il rêvait la délivrance. Saint Etienne, le premier diacre et le proto-martyr, se faisant l'écho de la tradition orale de la nation, dit au Sanhédrin : Moïse pensait que ses frères comprendraient que Dieu les sauverait par ses mains, mais ils ne le comprirent pas (1). Moïse échoua dès le début de son entreprise et s'enfuit au désert, le refuge ordinaire des bannis politiques (2). Plus tard, quand il hésitera, près du Buisson ardent, à accepter la charge imposée à son zèle et à son patriotisme, il sera hanté par le souvenir de son premier insuccès : « Les Benê-Israël ne voudront pas me croire ! »

Dieu prépara la voie et accorda à Moïse le pouvoir thaumaturgique, indispensable pour triompher de l'incrédulité des Hébreux. Voilà la manifestation la plus éclatante du prophétisme (3) dans la vie du peuple juif, la preuve la plus évidente que son gouvernement normal est, selon le mot créé par Josèphe, la théocratie (4).

(1) *Act.*, vii, 25.
(2) Voir l'histoire de Sanheha dans Maspero, *Les contes populaires de l'ancienne Egypte*, p. 97 sq.
(3) Sur le prophétisme voir A. PAULUS, *Les Juifs et le Messie*, t. I, p. 16.
(4) Jos, *Cont. Appion.* Il faut prendre le mot dans l'acception littérale.

Un homme reçoit directement une mission de Yahveh, il la proclame devant la multitude et il réclame l'obéissance de tous, gouvernants et gouvernés, au nom de son investiture céleste qu'il démontre par ses miracles, sa connaissance des choses cachées et de l'avenir libre.

Moïse, retourné en Egypte, convoqua les anciens (1) et leur annonça le secours de Dieu. Il leur laissa leurs pouvoirs traditionnels sur les tribus et les « maisons » et il en fit ses intermédiaires auprès du peuple. En quelques semaines Israël fut tiré de la terre de servitude et conduit au pied du mont Sinaï où il reçut la loi dans le sublime résumé du Décalogue. La première partie de l'œuvre du nabi se trouva ainsi accomplie; la seconde devait être plus laborieuse, il s'agissait de préparer la nation à la vie indépendante par une forte éducation morale et religieuse, par la promulgation d'une législation, par la mise en vigueur d'institutions nouvelles et par l'adaptation des formes antiques du gouvernement patriarcal aux besoins d'une société sédentaire.

Moïse exerçait son autorité comme lieutenant de Dieu en vertu de l'investiture prophétique et était assisté par son frère Aaron. Près de lui nous voyons également Josué comme auxiliaire habituel, nous dirions presque, en nous servant de termes modernes pour rendre notre pensée, comme un chef-major et un secrétaire-général. Josué eut le commandement contre les Amalécites qui attaquèrent l'arrière-garde d'Israël à Raphidim (2); il descendait d'Ephraïm et l'on peut se demander si son appel aux affaires n'eut pas un certain caractère poli-

______

(1) Les *princes* et les *zékénim* ou *beth-aboth* sont souvent réunis sous le titre commun d'*anciens*.

(2) *Exod.*, xvii, 8-14; *Deut.*, xxv, 18.

tique et ne fut pas destiné à donner satisfaction à la puissante tribu dont il était issu.

Dès les premiers temps de son magistère, Moïse prit trois mesures destinées à assurer le gouvernement et l'administration de la justice pendant les commencements de la nouvelle existence du peuple, il institua des juges, il promulgua le Code de l'Alliance et il délégua une partie de son autorité à des prophètes.

Les juges furent institués peu après l'exode, sur l'avis de Jethro, dans le but de décharger le législateur, accablé de travail par l'examen des causes de toute nature portées à sa décision par les tribus. Ces magistrats avaient autorité sur dix, sur cent familles, mais ils paraissent avoir été surtout des conciliateurs appliquant au civil le droit coutumier, sans pouvoir connaître des causes majeures ou des causes sur lesquelles la tradition était muette. Ces questions étaient soumises directement au tribunal de Moïse et le nabi, prononçant sur le cas particulier, fixait en même temps la législation pour l'avenir (1).

Le Code de l'Alliance (2), après le Décalogue et quelques versets relatifs à l'organisation provisoire du culte, est le résumé du droit coutumier à appliquer par les premiers juges. Le tout est couronné par des prescriptions destinées à entrer dans les institutions définitives de la théocratie sur le sabbat, l'année sabbatique et le triple pèlerinage annuel.

Nous sommes contraint d'avouer notre ignorance sur

____

(1) C'est le mode de procéder du législateur dans les sociétés orientales, encore en vigueur en Chine, PHILASTRE, *Code annamite*, t. I. Introd.

(2) *Exod.*, xx-xxIII.

les fonctions des anciens et des scribes (1), appelés « à porter avec Moïse le fardeau du peuple », après les murmures au camp des sépulcres de concupiscence, et honorés du caractère de prophètes (2). L'historien sacré raconte leur appel mais il ne nous a pas fait connaitre leurs attributions (3).

Sur les instructions positives de Yahveh, Moïse ne tarda pas après la promulgation de la loi d'instituer un sacerdoce, indépendant du pouvoir politique et qui dura jusqu'à la prise de Jérusalum par Titus. Il consacra la tribu de Lévi au service des autels après l'avoir partagée en deux classes, les lévites et les prêtres (*cohenim*). Les fonctions des lévites, ministres du second ordre, se rapportaient particulièrement à la garde, à l'entretien du sanctuaire et à l'assistance des prêtres. Les prêtres, qui devaient appartenir à la famille d'Aaron, offraient les différents sacrifices et étaient investis d'une fonction d'enseignement et de judicature. Au-dessus des lévites et des prêtres était le grand-prêtre, chef de la famille aaronide. Il pouvait exercer, selon qu'il lui plaisait,

---

(1) Les scribes étaient déjà employés, probablement par les anciens, avant l'exode. Nous trouvons, en effet, des *soterim*, mentionnés comme surveillants hébreux des travaux, sous Ramsès II et Menephtah (*Exod.*, v, 6). Moïse fit appel à leur concours ; il sortait, en effet, d'une contrée où le rôle de ces écrivains était considérable et il connaissait les services rendus au gouvernement égyptien par ces fonctionnaires. Les scribes sont mentionnés parmi l'aristocratie des tribus, à côté des anciens, au renouvellement de l'alliance dans le pays de Moab (*Deut.*, xxix, 10).

(2) *Num.*, xi, 25 sq.

(3) Les talmudistes ont vainement essayé de rattacher ces prophètes, dont ils font un corps de conseillers de gouvernement, au Sanhédrin du second Temple, et ils ont prétendu donner la liste des présidents depuis Moïse jusqu'à Esdras. Ce sont là des rêveries démenties par l'histoire positive.

toutes les fonctions des simples prêtres, mais il avait le droit exclusif d'accomplir le rite du grand jour de l'expiation et d'entrer à cette occasion seulement dans le saint des saints ; à lui aussi appartenait de consulter les *ourim* et les *thoummim* dans les circonstances difficiles. Il avait l'administration générale du culte et des trésors du sanctuaire, la haute surveillance sur tous les autres ministres du culte et le droit de juger en dernier ressort les affaires religieuses (1).

Les institutions précédentes restreignaient les pouvoirs des anciens et supprimaient un sacerdoce plus ancien dont on constate l'existence dans les premiers chapitres de l'Exode, sans qu'on sache rien d'ailleurs sur les origines et les attributions de cette prêtrise. Aussi trois principaux membres de la tribu de Ruben, Dathan, Abiron et Hon, s'unirent au lévite Coré, — ce dernier mécontent de la place secondaire dévolue à sa famille dans le service des autels, — et à deux cent cinquante « hommes de renom (2) », c'est-à-dire à des anciens et à des chefs du peuple, et tous se soulevèrent. Le récit de la révolte est un peu confus ; cependant l'étude des détails permet de constater à quel point elle était différente des mouvements populaires antérieurs. Ceux-ci éclataient spontanément, sous l'influence de la fatigue et de la souffrance, de la privation de viande ou du manque d'eau : un cri, proféré dans une partie du camp, était répété par des milliers de bouches. La révolte de Coré et

____

(1) SCHOPFER-PELT, *Hist. de l'Anc. Testam.*, t. I, p. 246.

(2) *Ansché schêm,* ἄνδρες ὀνομαστοι, personnages notables. La signification de ces mots, qui résument sans doute la nomenclature des conjurés (*Num.*, xvi, 2) est parfaitement déterminée par le rapprochement de ces mots avec *Gen.*, vi, 4, où ils sont traduits οἱ ἄνθρωποι οἱ ὀνομαστοι, *viri famosi.*

consorts, au contraire, est le résultat d'un complot et ne se rapporte à aucune souffrance de la route. Les rebelles demandaient l'abdication de Moïse et d'Aaron : le premier devait abandonner la mission prophétique et le second le souverain pontificat. En résumé nous constatons une réaction contre le nouvel ordre de choses. Dieu intervint et désormais l'autorité de Moïse fut constamment respectée.

Le peuple expiait alors les murmures proférés après la reconnaissance de la Terre promise, et il habitait le désert de Pharan, c'est-à-dire la partie septentrionale de la péninsule du Sinaï. Cette contrée est un plateau ondulé, traversé par quelques chaînes calcaires et des cours d'eau temporaires. Aujourd'hui les sources sont rares, souvent saumâtres, mais il y a de larges espaces couverts d'herbe où les tribus nomades trouvent des pâturages pour leurs troupeaux et quelques terres cultivables. Dans l'antiquité, la région n'avait pas été soumise au desséchement lent qui a désolé la zone transversale de l'ancien continent, depuis l'océan Atlantique jusqu'au grand désert de Cobi, et la végétation y était plus riche. Aussi est-il facile de s'expliquer la vie des Hébreux au désert pendant les trente-huit années de la pénitence. Les prêtres, les lévites et une partie de la population vivaient groupés autour du Tabernacle, qui demeura dressé presque constamment à Cadès, pendant que des détachements nombreux étaient répartis dans des campements favorables à l'élevage du bétail (1) et se livraient

(1) Dans *Num.*, xiv, 33, nous lisons : « Vos enfants seront pasteurs, *roim* ». Les Septante, la Vulgate, le targoum de Jonathan ont lu *thoim*, « errants ». Les deux leçons ne diffèrent que par une lettre, un thâv au lieu d'un rêsch. De là les traductions οἱ δὲ υἱοὶ ὑμῶν ἔσονται νεμόμενοι, *filii vestri erunt vagi*.

probablement, dans leurs stations successives à des travaux agricoles, comme faisaient avant eux les Amalécites disparus du pays depuis leur défaite à Raphidim. D'ailleurs les relations des Benê-Israël avec le monde n'étaient pas rompues ; ils recevaient des marchandises par des caravanes venues de la Chaldée et de l'Egypte : le pharaon avait enfin accepté l'exode et il avait des affaires plus importantes à considérer que la revanche du désastre de la mer Rouge. Le séjour des Hébreux dans la péninsule du Sinaï, où ils étaient chaque jour témoins de la sollicitude de Yahveh, leur Elohim, à leur égard, fut comme le noviciat de leur existence future et le temps où Moïse promulgua la partie la plus étendue de sa législation, le « Code sacerdotal ». A la veille de l'entrée dans la Terre Promise, il ne lui restera plus qu'à publier le Deutéronome, où il confirmera ou amendera certaines prescriptions portées auparavant (1).

Nous ne pouvons entrer dans le détail des lois mosaïques. Il suffit de marquer le soin du prophète de faire concorder les lois civiles avec les préceptes religieux, car tout son enseignement repose sur le principe fondamental que le service de Yahveh est la fin suprême de la société comme des individus. Il améliora les anciennes coutumes, atténua les sévérités, élimina, dans la mesure du possible, les prescriptions barbares, substitua l'autorité des juges à la vengeance familiale dans le cas de meurtre, restreignit à des limites plus sages l'autorité du maître sur l'esclave. Il rapprocha la société domestique de sa constitution normale, diminua le pouvoir abusif du père et de l'époux, favorisa la monogamie

____

(1) Le code sacerdotal comprend *Exode*, XXV-XXX, XXXV-XL ; le Lévitique ; *Num*, I-X, XV, XVII-XIX, XXVIII-XXX, XXXIV-XXXV. Voir R. P. PRAT. — *Le Code du Sinaï*, p. 35.

qu'il considéra comme l'état normal de la société conjugale, attaqua la polygamie qu'il rendit plus onéreuse en imposant des devoirs à l'égard des pallacides, enfin, il proscrivit les mariages entre les personnes liées par une proche parenté ou une étroite affinité. « Les ordonnances de Moïse, dit avec raison dom Calmet, n'étaient pas toujours les plus justes et les plus sages qu'il pût donner, mais il les donna telles que son peuple pouvait les porter et les pratiquer ».

Le même accord existe entre les institutions politiques et les institutions religieuses qu'entre celles-ci et les lois civiles. Le but du législateur est d'assurer la conservation de la nation et de prévenir son mélange avec les sociétés voisines. Les grandes fêtes annuelles étaient un mode, capable de durer des siècles, de rappeler les divins bienfaits, les miracles de l'exode ; Judéens et Benjamites, Ephraïmites et Danites, unis dans les mêmes assemblées pour célébrer ces grands événements, oubliaient leurs rivalités et se rappelaient seulement leur fraternité d'origine. La Pâque, la Pentecôte, les Tabernacles étaient comme les Jeux Olympiques où Athéniens, Thébains, Corinthiens sentaient qu'ils étaient tous fils de la Grèce. Ces assemblées pieuses, où tant d'âmes goutèrent en elles les voies de Dieu, devaient être tenues au lieu où demeurerait le grand prêtre, près de la tente sacrée. Les mariages avec les étrangers étaient, sinon prohibés, du moins réduits à des cas nettement spécifiés ; enfin le droit de propriété était soumis à des règles très spéciales, destinées à fixer les biens dans les mêmes familles pendant la suite des générations.

Ici se pose la question des rapports d'Israël avec l'étranger. Elle présente deux faces selon qu'on considère l'époque mosaïque elle-même ou qu'on étudie les prescriptions relatives à l'avenir.

Moïse avait à poser des règles relatives aux Asiatiques qui avaient suivi l'exode ; ceux-ci furent admis dans les tribus après avoir été soumis à la discipline hébraïque et, à la veille de franchir le Jourdain, ils étaient tous assimilés au peuple de Dieu (1). Le législateur avait aussi à s'inquiéter des rapports avec les Chananéens. Il ordonna d'expulser ou d'exterminer ces derniers au fur et à mesure de la conquête. C'était l'application du droit de la guerre à cette époque et cette rigueur était à la fois un châtiment des crimes commis par les vaincus dans leur culte impur et une mesure de préservation pour les Hébreux qui pouvaient être tentés d'imiter les abominations des bamoth ou hauts lieux.

Pour l'avenir, Moïse revient à sa bienveillance habituelle pour les faibles et il place l'étranger, avec la veuve et l'orphelin, au nombre des êtres malheureux qu'il recommande à la charité du peuple. « Vous ne les contristerez pas, vous ne les affligerez pas, ils seront parmi vous comme l'indigène de la terre et vous les aimerez comme vous-mêmes parce que vous avez été vous-mêmes étrangers dans la terre d'Egypte ». Les gentils, admis à domicile dans les possessions des Hébreux, devaient d'ailleurs s'abstenir de l'idolâtrie, du blasphème, observer le sabbat et se soumettre aux prescriptions de la loi naturelle, résumée plus tard en sept articles que les rabbins appelèrent les « préceptes noachiques ». Enfin, ceux des étrangers qui voulaient

---

(1) Dans un de ses derniers discours au peuple, Moïse dit : « Vos statis hodie coram Deo vestro... et advena qui tecum moratur in castris (*Deut.*, XXIX, 10-11) ». La Vulgate ajoute : « *exceptis* lignorum cæsoribus et his qui comportant aqua ». Mais les versions chaldaïque et grecque, d'accord avec le texte hébreu, portent : « les étrangers qui demeurent dans votre camp, *tant* les coupeurs de bois *que* les porteurs d'eau.

« entrer dans l'assemblée de Yahveh », et participer à l'alliance du Sinaï étaient admis sous la condition de la péritomie et de la pratique intégrale de la Thorah. Telle fut, jusqu'aux derniers jours, la législation sur les *proselytes de la porte* et sur les *prosélytes de justice*.

Somme toute, dans la pensée de Moïse, le peuple hébreu a recouvré la liberté civile et la liberté politique en quittant l'Egypte. Tous les Israélites sont égaux parce qu'ils sont tous frères, fils du même Dieu, descendants directs ou adoptifs des mêmes patriarches ; tous participent aux bienfaits de la même alliance, contractée avec Abraham et renouvelée au pied de l'Horeb ; tous sont soumis à la même législation, aux mêmes charges, aux mêmes devoirs (1). Dans chaque tribu le gouvernement est entre les mains des descendants de l'éponyme, mais ceux-ci doivent l'exercer comme une *fonction*, non comme un *privilège* et ils voient prendre place à leurs côtés, parmi les auxiliaires de Moïse, les scribes, qui n'avaient pas à appartenir à la famille naturelle des patriarches pour participer à la puissance publique.

Dans le Deutéronome, Moïse jette un regard sur le gouvernement futur ; il réserve les droits du prophétisme et il prévoit l'institution de la royauté. Les prophètes seront reconnus à leurs œuvres, à leur pouvoir thaumaturgique et à leur connaissance de l'avenir libre. Néan-

______

(1) L'esclavage des Hébreux, ne devant être que temporaire, *suspend*, il ne détruit pas l'égalité civile. La véritable classe servile était recrutée parmi les étrangers : « Prenez vos esclaves (texte hébreu l'*obed* ou esclave mâle, l'*amah* ou la serve) parmi les nations qui sont autour de vous et parmi les étrangers qui séjournent autour de vous et parmi ceux qui sont nés d'eux sur votre terre ; vous les emploierez pour faire les travaux d'esclave que vous ne devez pas imposer à vos frères (*Lévit.*, xxv, 44) ».

moins le législateur, songeant peut-être aux prestiges des prêtres païens, ajoute une marque caractéristique : les nébiim ne s'écarteront jamais du monothéisme et leurs enseignements ne seront jamais contraires à la loi naturelle (1).

Des commentateurs se sont étonnés de la prévision de la monarchie, d'autres l'ont expliquée par une vue prophétique du nabi. Les uns et les autres auraient pu se rappeler que Dieu avait parlé des rois de la race d'Abraham et que Jacob avait mentionné le sceptre de Juda. Mais il aurait été extraordinaire que Moïse, connaissant ces prophéties, ne parlât pas de la royauté au moment où le peuple allait entrer dans une contrée où toutes les villes et les confédérations avaient des souverains. La nécessité de réunir les efforts des tribus contre des adversaires communs devait conduire à l'élection d'un chef. Sans doute, Moïse était tranquille pour le lendemain, Josué allait le remplacer. Mais, après Josué, Dieu manifesterait-il encore sa volonté ? Le législateur, demeuré sans révélation sur ce point, songea aux moyens humains de sauvegarder l'unité et la puissance de la nation, l'idée de la monarchie se présenta naturellement à son esprit, appuyée qu'elle était sur les prophéties de l'époque patriarcale (2).

Moïse indiqua donc aux Benê-Israël les conditions à imposer au prince. La première sera l'indigénat. Le souverain ne devra pas tenter de ramener par la force des armes les tribus en Egypte et il ne renouvellera pas la conquête des Hyksos (3). Puis le prophète interdit au

(1) *Deut.*, XIII, 1-5 ; XVIII, 20-22.

(2) Plus tard Dieu manifestera le regret de la demande d'un roi, mais il exprimera ce regret au moment où le peuple rejettera l'autorité théocratique d'un prophète.

(3) Si le Deutéronome était l'œuvre d'un faussaire du VIIe siè-

futur souverain la possession d'un nombreux harem,
source de désordres moraux et de révolutions de palais.
Enfin, comme antidote à l'orgueil, à l'amour des richesses,
le roi recevra des mains des prêtres le Deutéronome et
le lira chaque jour « pour apprendre à craindre Yahveh,
son Elohim, à garder ses paroles et ses cérémonies. »

IV

LES JUGES ET LES ROIS

Après la mort de Moïse, Josué franchit le Jourdain,
enleva Jéricho et dirigea deux campagnes, l'une au nord,
l'autre au sud du pays. Il divisa ensuite la Terre Promise ; chaque tribu connut son lot et demeura libre de
ses actions pour en faire la conquête.

La constitution géographique de la Palestine était
propre aux maintien du peuple choisi dans l'isolement
voulu par Dieu. La contrée est une succession de
collines parallèles courant du nord au sud, difficiles
d'accès et où les armées ne pénétrent guère, se contentant
de la possession de la route militaire entre l'Egypte et
la Mésopotamie par la riche plaine de Jezraël ou de Mageddo (1). Les Israélites trouvèrent une demeure
agréable, d'une étendue égale à celle de notre Bretagne,
un territoire fertile, particulièrement propre au pâtu-
rage, un sol riche, bien arrosé, rempli de beaux sites,

cle, jamais cette clause n'y eût figuré. Au temps de Josias,
Juda avait d'autres préoccupations que la conquête de
l'Egypte !
(1) Sur cette route voir MASPERO *Op. cit.*, t. II, p. 4; 120.

de verdoyantes vallées et de majestueux sommets. Dans ce paradis « coulaient le lait et le miel » pour récompenser la fidélité au Seigneur par l'abondance des biens, mais là aussi le ciel se fermait, la pluie et la rosée étaient refusées aux prévaricateurs.

Après les premières campagnes, si vigoureusement menées, la conquête languit. Josué manquait-il de l'autorité morale, qu'avait eue Moïse, pour imposer une direction générale aux opérations militaires ? Le particularisme des tribus, leurs rivalités, eurent-ils raison du lien fédéral ? Nous l'ignorons, car le livre de Josué est muet sur le gouvernement du successeur de Moïse pendant la plus grande partie de sa judicature. Mais les tribus transjordaniennes, après avoir aidé à la conquête des premières provinces de la rive droite du fleuve, semblent se désintéresser de leurs frères de l'ouest ; dans la Cisjordanie, les tribus du nord, groupées autour d'Ephraïm, celles du sud, réunies autour de Juda, paraissent comme deux nations distinctes.

Josué n'eut pas de successeur ; les anciens gouvernèrent les tribus demeurées isolées. De grandes fautes se produisirent avec la génération qui n'avait pas été témoin des prodiges accomplis par Yahveh en faveur d'Israël. Les Hébreux n'avaient pas attaqué les villes de la route militaire, demeurées entre les mains des garnisons égyptiennes (1); ils n'avaient pu vaincre tous les Chananéens, particulièrement ceux de la plaine qui avaient de nombreux chars armés de fer (2), et ils cessèrent de

____

(1) LENORMANT, *Op. cit.*, t. II, p. 298.

(2) La Vulgate dit « armés de faux ». Mais cette traduction est à côté du texte. Les chars à faux sont de l'époque perse. Voir dans LENORMANT, *Op. cit.*, t. II, p. 167, 210, des représentations des chars de guerre égyptiens.

marcher en avant. D'ailleurs, dans les parties occupées, ils avaient épargné volontairement de nombreux membres de la race maudite qu'ils avaient soumis à la corvée ; ils prirent leurs filles en mariage et ils donnèrent leurs propres filles aux fils de la contrée (1) et, quand les tribus sortirent de la période où elles entraient, il n'y avait plus qu'une seule race (2) ; mais ce ne fut pas sans entraîner de déplorables conséquences au point de vue religieux. Dès les commencements, des particuliers et même des tribus, cédant à l'amour de leur race pour les téraphim se firent des images de Yahveh rappelant le Veau d'or du désert (3) ; le péril des voyages rendit difficiles les pèlerinages à Silo, où avait été dressé le Tabernacle, au milieu du territoire d'Ephraïm. Bientôt les Hébreux se pressèrent aux hauts lieux païens, ils servirent les Baalim et les Astaroth, ils se plurent en compagnie de qedeschoth et ils célébrèrent la palingénésie d'Adon ou Thammouz.

La période des Juges ou Schôfetim accrut cent fois le mal. La nation ne formait plus un corps et les tribus oubliaient même le lien fédéral. On connaît peu de chose du gouvernement et on ne peut écrire une histoire suivie de l'époque, car les récits bibliques sont tous

(1) *Jud.*, iii, 5, 6.

(2) Particulièrement au nord où les Chamites étaient plus nombreux. M. Renan, (*Hist. du peuple d'Israël*, t. I, p. 254) représente les Chananéens et les Israélites vivant dans les mêmes cantons comme les *metualis* et les Arabes en Syrie. La lecture des Livres saints laisse au contraire l'impression de la fusion des deux races. Renan saisit mieux la situation quelques pages auparavant (p. 234) quand il compare les Chananéens après la conquête de Josué aux *raïas* de l'Empire Ottoman.

(3) Le culte idolâtrique de Jéroboam ne fut pas la résurrection d'un lointain passé mais le relèvement d'un culte mal oublié depuis la réforme de Samuel.

épisodiques (1). Les Moabites, les Ammonites, les Madianites, les Amalécites envahissaient la Transjordanie ; souvent ils traversaient le fleuve, attaquaient les tribus occidentales, enlevaient les moissons et les troupeaux. Les Philistins ravageaient à volonté la Cisjordanie et réduisaient les habitants à une dure servitude.

Les Hébreux sentaient que l'union serait le salut et ils firent plusieurs tentatives pour la réaliser. Les tribus du centre offrirent la couronne à Gédéon qui la refusa, mais vécut à peu près en roi ; elles acceptèrent la domination d'Abimélech qui gouverna en tyran et mourut en aventurier. Un effort plus sérieux vers l'unité se fit sous le grand-prêtre Héli ; Israël commençait à comprendre que le lien religieux devait être renoué pour assurer le maintien de la nationalité. Le succès ne couronna pas la lutte contre les Philistins. Alors, Samuel, reconnu juge ou suffète, travailla à la rénovation morale de la nation, s'appuyant sur les écoles de prophètes, dont il fut le fondateur, avant de tenter le relèvement politique. Les Philistins, inquiets de l'union des tribus, les attaquèrent ; ils furent vaincus à leur tour. Samuel gouverna comme Moïse et d'après les exemples de Moïse, en vertu de l'investiture prophétique ; il aurait voulu passer le pouvoir à un chef théocratique dont la présence aux affaires aurait rappelé aux Hébreux la nécessité de subordonner la politique au service de Yahveh. Le peuple préféra remettre ses destinées aux mains d'un roi.

______

(1) De là la difficulté, sinon l'impossibilité, d'établir une chronologie pour cette époque ; nous ignorons un grand nombre de faits et parmi ceux que nous connaissons, plusieurs se passèrent simultanément, les uns sur la rive droite, les autres sur la rive gauche du Jourdain.

Le règne de Saül fut une période de transition entre l'ancien régime et le nouveau ; le prince fut surtout un chef militaire que Samuel s'efforça vainement de pénétrer de son esprit et de conduire dans les voies tracées par Moïse aux souverains israélites. Cependant, il faut le reconnaître, les tribus du nord et de l'est s'accommodaient des procédés du monarque et lorsque celui-ci fut tué à Gelboé, elles se rallièrent au trône de son fils Isboseth.

David, l'oint de Yahveh, avait, de son côté, saisi à Hébron le spectre sur les tribus méridionales. Sept ans plus tard, il étendit sa domination sur tout le pays. Alors les progrès du peuple choisi furent remarquables ; le roi, profitant de la décadence simultanée de l'Egypte et des royaumes mésopotamiens, fonda un empire qui atteignit Thapsaque sur l'Euphrate et la mer Rouge. Jérusalem, enlevée aux Jébuséens, devint la capitale où furent transférés la cour et les services du gouvernement ; une armée permanente fut organisée avec un noyau de troupes étrangères et le palais fut peuplé de grands officiers et de fonctionnaires subalternes ; des circonscriptions militaires et financières furent établies avec des commandants et des publicains. En un mot, l'Etat fut organisé sur le pied des grandes puissances orientales et trouva des modèles à Ninive, à Babylone et à Tanis (1).

La royauté de David fut réellement la royauté théocratique ; la politique s'inspirait de la religion et la religion fournissait à la royauté la plus ferme garantie de la soumission du peuple, à la nationalité le plus sûr

_____

(1) Le cardinal Meignan a traité ces questions d'organisation avec étendue dans ses volumes sur David et Salomon.

garant de sa durée à travers les âges. Les institutions mosaïques, destinées à affermir l'unité entre les tribus, oubliées sous les Schôfetim, étaient mises en pratique ; le culte était organisé avec majesté, le sacerdoce puissamment organisé et l'influence des nébiim guidés par Nathan, ne fut pas étrangère aux actions du souverain. Enfin, avant même de songer à l'érection d'un temple pour remplacer le Tabernacle, le roi fit transporter l'Arche à Jérusalem. Sans doute la piété du prince, dont les psaumes sont un témoignage impérissable, était le principal motif de sa conduite, mais son intelligence politique saisissait aussi les avantages que sa dynastie retirerait de l'attachement du sacerdoce, du prophétisme et du peuple, pour le lieu où l'Eternel manifesterait sa gloire.

La nouvelle organisation du royaume mit un terme au gouvernement patriarcal des tribus. Un certain nombre d' « anciens » purent être investis des charges nouvelles, la plupart furent, pour ainsi dire, « mis en disponibilité par suppression d'emploi ». Cette révolution, qui s'est toujours produite quand une monarchie puissante vient à dominer une féodalité héréditaire, entraîna les modifications adéquates à ce changement de régime. L'aristocratie, perdant ses attributions anciennes, se pressa autour du prince qui lui rendit en honneurs et en charges du palais ce qu'il lui enlevait en puissance effective : les zékénim se transformèrent en courtisans.

Les commencements du règne de Salomon furent plus brillants que la fin du règne de David, attristée par les efforts séparatistes de quelques cités et par des intrigues domestiques allant jusqu'à la révolte à main armée. Alors la prospérité fut complète, les factions tombèrent

en léthargie, la cour de Jérusalem rivalisa en splendeur
avec celle de Tanis, de grands travaux d'utilité publique
furent faits à Jérusalem et le Temple fut édifié avec une
splendeur inouïe. Israël eut ses forteresses et ses magasins sur les routes des caravanes dans les provinces con-
quises sous le règne précédent ; un commerce actif
unit la capitale au Delta, aux Echelles phéniciennes,
à Damas et à la Mésopotamie : des expéditions navales
furent entreprises, en compte à demi avec Tyr, sur la
Méditerranée et la mer Rouge ; les vaisseaux de Tharsis
visitèrent l'Espagne, ceux d'Ophir l'Arabie et poussèrent
sans doute jusqu'à l'Inde (1). Le peuple fut heureux,
« chacun vivait en paix, sous sa vigne et son figuier,
depuis Dan jusqu'à Bersabée (2) ». Bien que le royaume
n'ait jamais égalé en étendue et en puissance ceux des
vallées de l'Euphrate et du Tigre ou celui de la vallée
du Nil, il avait néanmoins une réelle importance.

Salomon, élève des prophètes, marcha d'abord dans
les voies religieuses de son père. Son devoir, — et celui
des Bené-Israël, qui participaient à la prospérité de son
règne, — était de témoigner une profonde reconnaissance à Yahveh et de s'attacher aux commandements
du Sinaï avec une fidélité inviolable. Malheureusement,
la prospérité est souvent une cause de décadence et de
corruption. Salomon ne se garantit pas de l'imitation
des nations étrangères et ses alliances avec ses voisins
le conduisirent à tolérer sur son territoire des lieux de

(1) Lassen, *Indische Alterthumskunde*, t. II, p. 584-592.
Maspero (*Hist. anc. des peupl. de l'Or. clas.*, t. II, p. 742) in-
cline pour le Pouanit des Egyptiens (côtes de l'Yémen et des
Somalis) et Peters (*Der Goldene Ophir Salomo's*) pour le bas-
sin du Zambèse.
(2) III *Reg.*, IV, 25.

culte païen qui, garantis par des traités internationaux, durèrent jusqu'au règne de Josias (1), et il assista lui-même aux sacrifices offerts dans ces sanctuaires.

L'aristocratie, déchargée de ses devoirs passés, vivant à la cour, se disputait les faveurs du maître. Quand Salomon cessa d'être le monarque irréprochable des premiers jours, ses membres suivirent les tristes exemples du roi, bientôt ils constituèrent un parti de libertins en conduite et de railleurs (*letsim*) en matière de religion dont nous trouvons la mention dans les *Proverbes* et l'*Ecclésiaste*.

Les prophètes s'élevèrent vivement contre cette décadence morale et ne furent pas écoutés. Avant beaucoup d'années, le mal devint incurable. Dieu frappa alors et, comme il arrive le plus souvent, il fit servir les causes secondes à l'accomplissement de ses desseins. La Syrie et l'Idumée se révoltèrent, le royaume fut réduit à ses anciennes limites ; à l'intérieur, le peuple fut surchargé d'impôts et manifesta un mécontentement dont profita un fauteur de séditions, l'Ephraïmite Jéroboam, pour préparer la révolte des tribus septentrionales et orientales.

Salomon mourut sur ces entrefaites. Les tribus s'assemblèrent à Sichem. Dix proclamèrent Jéroboam roi d'Israël. Roboam, chef de la famille davidique, régna seulement sur Juda et sur Benjamin et, après le partage du territoire, il n'eut que la moitié des sujets que compta son rival et une étendue de pays inférieure, à peu près dans la même proportion.

Cependant le royaume du sud ne le cédait pas en force réelle à celui du nord. Dès le commencement, il

____

(1) MOVERS, *Die Phœnizier*, t. II, ch. III.

avait des généraux, une armée, une organisation, des magasins, un matériel de guerre, les restes du trésor de Salomon, c'est-à-dire des éléments de puissance dont Jéroboam ne disposait pas. Le loyalisme des habitants, soutenu par la religion, par l'espérance du règne glorieux d'un descendant de Jessé, ne se démentit jamais, même au temps de l'usurpation de la Phénicienne Athalie ; les membres de l'aristocratie ne tentèrent jamais de saisir la couronne ; car ils savaient que le peuple ne les suivrait pas. Enfin Juda, malgré ses misères morales, malgré l'infidélité d'un certain nombre de ses princes (1), montra un attachement au mosaïsme qui sauvegarda les mœurs et l'énergie d'une partie de la nation.

Au contraire, l'unité fit toujours défaut au royaume d'Israël. La couronne fut toujours recherchée par les ambitieux ; les généraux, appuyés sur la garde mercenaire, aspirèrent sans cesse au trône ; sur dix-neuf rois, huit furent assassinés et remplacés par les chefs des complots ourdis contre eux. Le territoire n'était pas compact comme celui de Juda ; la contrée d'Ephraïm était séparée de la future Galilée par la plaine de Jezraël et les deux contrées précédentes l'étaient de la Transjordanie par la profonde vallée du Ghor. Les habitants de chacune de ces fractions avaient des intérêts particuliers, souvent opposés, et le souvenir des anciennes rivalités du temps des Schôfetim, causées par les mêmes raisons, venait se greffer sur les motifs actuels de division. Le lien religieux fit défaut au royaume ; les purs yahvistes tournèrent toujours les yeux vers Jérusalem ; les schismatiques se partagèrent entre les sanctuaires de Dan et

____

(1) L'Ecclésiastique ne loue qu'Ezéchias et Josias (XLVIII, 19 ; XLIX, 1).

de Béthel ; les partisans du culte phénicien allèrent aux bamoth. Enfin l'idolâtrie abaissait les caractères et détruisait la force morale des populations, malgré les efforts des prophètes — et parmi ceux-ci Elie et Elisée — pour relever les esprits et les cœurs en les ramenant au mosaïsme.

Les deux Etats furent presque constamment en lutte. Cette lutte contraignit les princes du Nord à établir leurs capitales, Sichem, Therza et Samarie (1), presque sur les frontières du Juda et les empêcha de donner un point de ralliement central à leurs sujets ; elle les obligea constamment à chercher des appuis à l'étranger (2) ; une fois seulement nous voyons Achab d'Israël allié à Josaphat de Juda, mais alors les deux royaumes étaient également menacés par Damas qui, sous la dynastie des Hadad, tendait à devenir la puissance prépondérante en Syrie.

L'Assyrie et l'Egypte, relevées presque simultanément de leur décadence passagère, allaient entrer en lutte. Le royaume d'Israël, traversé par la route militaire de Karkémish à Péluse, fut le premier menacé par ses puissants voisins, toujours anxieux de posséder Mageddo, et finit par être occupé par les Assyriens. Salmanasar et plus tard Asarhaddon, dans le but de tenir solidement une voie stratégique de la plus haute impor-

(1) Amri ou Omri est le fondateur de cette dernière ville. Le royaume du Nord fut toujours désignée en Mésopotamie par les noms de royaume d'Omri ou royaume de Samarie, même quand la dynastie d'Amri eût été détrônée par Jéhu. SCHRADER, *Die Keilinschriften und das Alte Testament*, p. 91.

(2) Jéhu se reconnut vassal de Ninive (Inscription des taureaux et liste des éponymes dans VIGOUROUX, *La Bible et les découv.*, t. IV, p. 71-176).

tance, envoyèrent des colons orientaux dans le pays.
Ceux-ci se mêlèrent aux débris de la population israé-
lite demeurée dans le pays après la « transmigration ni-
nivite », et du mélange sortit le peuple samaritain

Le royaume de Juda resta seul. Dans ses commencements il avait été l'ennemi de l'Egypte, qui soutenait
Israël, mais après la chute de Samarie, il eut à lutter
contre Babylone, qui avait hérité de la puissance de Ninive, et s'appuya sur les pharaons. C'était, selon la pa-
role d'Osée, s'appuyer sur le vent (1). Jérusalem fut
prise, ses murailles détruites et le Temple incendié. Les
deux derniers rois, Jéchonias et Sédécias, furent successivement conduits prisonniers sur les rives de l'Euphrate
par Nabuchodonosor II.

V

LES TSADOKITES, LES ASMONÉENS, LES HÉRODES

Sédécias mourut en prison. Evilmérodach, successeur
de Nabuchodonosor, fit cesser la réclusion de Jéchonias ;
« il établit son trône au-dessus du trône des rois qui
étaient avec lui à Babylone (2) ». En d'autres termes, il
donna un rang élevé au prince vaincu parmi les con-
vives de sa table, mais il ne lui rendit aucun pouvoir
sur les Juifs qui avaient été conduits captifs en Chaldée.
Ceux-ci jouissaient de la liberté civile dans le lieu de
leur internement, ils vivaient d'après leurs propres lois,
soumis à des magistrats nationaux qui possédaient la

(1) *Os.*, xii, 1.
(2) IV *Reg.*, xxv, 27 sq.

juridiction même dans les *judicia capitis*. Les Isaïdes ayant perdu l'autorité, leurs pouvoirs généraux sur la nation furent sans doute transmis par les monarques chaldéens aux pontifes transportés sur la terre étrangère. Cette mesure est conforme à tout ce que nous savons de la politique des princes chaldéens à l'égard des peuples subjugués.

Vers la fin des soixante-dix années de servitude prédites par Jérémie, Cyrus s'empara de Babylone.. Le prince perse fut favorable aux nations vaincues par les monarques mésopotamiens ; il leur accorda la liberté de retourner dans les pays d'où ils avaient été arrachés ; par cette politique de clémence, le conquérant comptait attacher à sa fortune les victimes des guerres antérieures.

Une pensée de même nature inspira Cyrus quand il adjoignit au grand prêtre Josué, chef de la famille des Tsadokites (1), chef du peuple hébreu délivré, Schesbasar ou Zorobabel, petit-fils de Jéchonias, avec la mission d'exercer une exacte surveillance sur le gouvernement des rapatriés. Mais, nous devons le remarquer, il n'accorda pas au descendant de David la royauté ou même une charge héréditaire ; il se contenta de lui donner le titre de *thirsatha*, inférieur à celui de satrape. Zorobabel se trouvait ainsi un fonctionnaire perse de rang secondaire.

Quarante-deux mille exilés partirent pour Jérusalem. A première vue, on peut trouver ce nombre faible. L'étonnement se dissipe à la réflexion. La caravane de Zo-

(1) Le grand-prêtre Jeschoua ou Josué était chef de la famille sacerdotale qui tirait son nom de Sadoc ou Tsadok, le premier grand-prêtre du Temple salomonien d'après les Chroniques, le troisième seulement d'après Josèphe.

robabel ne fut pas la seule et, pendant un siècle et demi, Sion reçut sans cesse des familles attirées en Palestine par la piété et le patriotisme. Ensuite le retour suivit de si près l'édit libérateur que beaucoup de déportés n'eurent pas le temps de liquider leurs biens pour partir avec leurs frères. Ainsi s'explique la déclaration du Talmud : « Les chefs de l'expédition n'emportèrent que le son, la fleur de farine resta à Babylone (1) ». D'ailleurs, nous devons le reconnaître, la moitié au moins des transportés ne profita pas de la faculté de retour dans la métropole et devint la tige des communautés de la *diaspora* ou dispersion.

La plupart des compagnons de Zorobabel appartenaient à la tribu de Juda, la plus nombreuse de toutes. Aussi le nom de *Yehoudim* (2), Juifs, Judéens, désigna-t-il désormais les Hébreux. Parmi les rapatriés, les descendants des tribus septentrionales furent d'ailleurs en minorité ; la transportation de leurs pères était déjà ancienne et beaucoup s'étaient mêlés aux populations étrangères.

Malgré de nombreuses difficultés, suscitées surtout par les Samaritains, le Temple fut reconstruit et les rapatriés, se joignant aux hommes laissés dans l'ancien royaume de Juda, reconstituèrent la nation : mais les ennemis de la restauration furent assez puissants pour empêcher la réédification des murailles de Jérusalem.

Nous ignorons l'époque de la mort de Zorobabel. Les princes de la famille de David ne furent plus appelés à aucune fonction publique ; peut-être les successeurs de

____

(1) TALMUD, *Kiddouschim*, 70.

(2) Le mot yehoudi, pluriel yehoudim, est employé pour la première fois dans ce sens par Zacharie (VIII, 28). Auparavant il désignait un membre de la tribu de Juda.

Cyrus craignirent-ils l'activité et l'esprit guerrier des héritiers d'une longue suite de rois (1).

Le gouvernement de la communauté juive était entre les mains du grand-prêtre Eliasib, petit-fils du pontife Josué, quand Néhémie fut nommé thirsatha et se rendit à Jérusalem. Le nouveau gouverneur fortifia la ville qui était demeurée démantelée. L'organisation intérieure de l'Etat fut une entreprise plus difficile et Néhémie eut besoin de l'autorité supérieure que lui assurait la délégation du pouvoir royal pour mener l'œuvre à bonne fin. Il fut obligé de lutter contre un groupe d'hommes riches qui spéculaient sur la misère du peuple, prêtaient de l'argent à intérêt usuraire et monopolisaient les grains. Ces gens s'appuyaient sur quelques étrangers puissants. Nous trouvons ici pour la première fois, dans la nouvelle société juive, cette alliance entre l'aristocratie et les gentils qui fut une plaie pendant les siècles suivants. L'opposition était soutenue par beaucoup de prêtres et de lévites. Ces tristes membres de la tribu sainte profanaient le nom de Dieu et tombaient dans le mépris par leur mauvaise conduite ; ils se mêlaient aux *goïm* et, rejetant leurs légitimes épouses juives, ils se mariaient à des païennes. Le pontife Eliasib lui-même était allié à l'Ammonite Tobie et son petit-fils Manassé avait épousé la Cuthéenne Nicasis. Evidemment ces dernières unions avaient un caractère politique. Eliasib, désireux de se concilier ses voisins pour s'élever au-dessus des lois, avait sacrifié les devoirs du prêtre aux intérêts du prince temporel.

Néhémie ne fut pas intimidé. Les monopoliseurs et

______

(1) La suite des événements après la mort de Zorobabel est une des questions les plus controversées. Nous adoptons le système de M. Van Hoonacker.

les usuriers durent rendre gorge et il commença la restauration du mosaïsme avec l'aide du prêtre et scribe Esdras. L'alliance du Sinaï fut renouvelée et les Juifs « jurèrent d'accomplir la thorah d'Elohim ».

Après un séjour de douze années à Jérusalem, Néhémie fit un voyage en Perse. A son retour en Palestine, il trouva les abus renaissants. Il rompit les mariages illicites. Manassé, qui refusa de se séparer de Nicasis, dut quitter la Ville sainte ; il se retira à Samarie et fonda un temple schismatique sur le mont Garizim. La haine mutuelle des Juifs et des Cuthéens fut encore accrue par cet évènement.

Esdras n'avait pas accompagné Néhémie à son retour à Jérusalem où il ne rentra que sous Artaxercès II. Investi de pouvoirs spéciaux conférés par le « Grand Roi », il pensa à assurer l'avenir de la nation par la révision des livres sacrés, l'institution des écoles de docteurs, l'organisation des synagogues (1) et du gouvernement.

Esdras ne songea pas à relever la royauté. Sur ce point, il était évidemment lié par la volonté expresse des Achéménides. Mais, en laissant le pouvoir suprême au grand prêtre qui tenait le premier rang comme « prince » ou « nassi », il veilla à ce que le pontife fût maintenu sous l'empire de la loi mosaïque et protégé contre ses propres faiblesses par un conseil permanent.

Esdras constitua le pouvoir pondérateur par la création d'une assemblée, à laquelle la tradition juive a donné le nom de « Grande Synagogue (2) », et où, se-

(1) Voir A. PAULUS, *Les Juifs et le Messie*, t. II, p. 47 et suiv.

(2) *Kénéceth-ha-Guedolah*. L'existence de la Grande Synagogue est contestée par Richard Simon, Jahn, de Wette, Qua-

lon toute vraisemblance, il fit entrer les chefs des familles sacerdotales, les anciens des tribus et un certain nombre de *sopherim* (scribes) et de *mébinin* (docteurs de la loi). Esdras maintenait ainsi aux affaires l'aristocratie qui avait toujours tenu une grande part dans le gouvernement ; mais, l'aristocratie ayant souvent considéré la chose publique comme une propriété de caste, le réformateur balança son influence en appelant au conseil les scribes ou docteurs, qui formaient l'élite intellectuelle de la nation et sortaient de toutes les classes de la société. La Grande Synagogue semble avoir duré jusqu'au pontificat de Simon-le-Juste (310-284) ; alors elle subit quelques modifications de détail et devint le « Sanhédrin. »

La Judée demeura vassale des Achéménides jusqu'à Alexandre-le-Grand. Soumise au conquérant macédonien, elle fut disputée après lui entre les Lagides et les Séleucides et finit par appartenir à ces derniers. Le gouvernement des pontifes lui assurait la tranquillité intérieure quoiqu'un œil pénétrant pût constater l'existence de germes de conflits entre l'aristocratie, favorable à l'adoption des mœurs païennes et la démocratie des *hassidim*, « les pieux », attachée au mosaïsme. La lutte éclata sous Séleucus Philopator. Onias III était alors grand-prêtre. Un Benjamite, nommé Simon, administrateur des marchés (1), abusa de ses pouvoirs et fut rappelé à ses devoirs par le pontife. Irrité de cet acte de

tremère, Reuss et de nombreux écrivains modernes. Mais les témoignages talmudiques sur l'institution d'un conseil par Esdras sont trop nombreux et trop concordants pour être rejetés. *Vide supra*, p. 21, note 3.

(1) D'après II Mach., III, 4, Simon était ἀγορανομος. Il percevait probablement des taxes illégales.

juste fermeté, Simon se retira en Syrie et conseilla à Séleucus, dont les finances étaient obérées par les lourdes contributions payées aux Romains depuis la bataille de Magnésie, de faire main basse sur le trésor du Temple. Le roi envoya son ministre Héliodore demander de l'argent, Onias refusa de livrer le bien des pauvres et les dépôts confiés à sa garde par des particuliers. Héliodore voulut pénétrer de vive force dans le Temple. On sait par quel miracle il en fut empêché. Le prodige, qui désarma les païens, accrut la haine de Simon le Benjamite. Le misérable accusa le pontife d'avoir apposé des gens pour jouer le rôle des anges et frapper l'envoyé royal. En même temps, les partisans du fugitif agitaient Jérusalem où entrèrent des troupes syriennes et Onias dut se rendre à Antioche pour se disculper de son prétendu guet-apens.

On ignore la fin de Simon le Benjamite. Malheureusement ses partisans ne désarmèrent pas. Ils envoyèrent en Syrie une députation conduite par Jason, le propre frère d'Onias, et par Ménélaos, frère de Simon le Benjamite, — deux apostats qui avaient changé leurs noms juifs contre des noms païens comme témoignage de leur abandon de la religion nationale, — afin de demander à Antiochus Epiphane, successeur de Séleucus, l'autorisation de suivre en Judée les lois des Gentils. Jason acheta la tiare au prince syrien et promit d'introduire dans le Temple le culte des divinités helléniques.

Trois ans plus tard Jason envoya Ménélaos porter à Antiochus le tribut ordinaire. Le frère de Simon le Benjamite travailla pour lui-même et obtint la souveraine sacrificature : il n'appartenait pas à la race lévitique, mais qu'importaient les lois juives au prince syrien ? Ménélaos, triompha de toutes les résistances, fit assassiner Onias, le dernier pontife légitime, et domina en Judée avec l'appui des troupes syriennes.

La persécution des yahvistes dura plusieurs années. Enfin Matthatias et ses fils se révoltèrent. Judas, bientôt surnommé Machabée ou le Martel (1) à cause de ses exploits, fut le héros de la guerre de l'indépendance et entra en vainqueur à Jérusalem (164). Antiochus Epiphane se trouvait alors dans les provinces orientales de son royaume, il revint en hâte pour venger les revers de ses lieutenants, mais il mourut misérablement « frappé de la main de Yaveh et non de la main d'un homme. »

Lysias, régent de Syrie pour Antiochus Eupator, successeur d'Antiochus Epiphane, entra à Jérusalem, déposa Ménélaos comme traître, l'envoya au supplice et le remplaça par un Aaronide, Yakim ou Alkimos. Rappelé en Syrie il accorda la paix à Judas Machabée.

Cette paix ne fut pas durable. Le successeur d'Antiochus Eupator, Démétrius Soter, soutint Alkimos. Celui-ci pensait ramener aux Séleucides les Juifs désarmés par l'abandon de la persécution religieuse. Il faillit réussir. « Une troupe de sopherim se réunirent près d'Alkimos et de Bacchide (le général syrien) pour chercher le droit et les hassidim qui étaient parmi les enfants d'Israël demandèrent la paix (2). » Ces scribes et ces zélotes avaient confiance dans le résultat des pourparlers. Leur démarche acquiert une importance capitale si, comme l'indique le Talmud (3), les sopherim avaient à leur

---

(1) Maqâbâ, marteau, de la racine Mâqab. De là le grec Μαχχαϐαῖος, le marteleur. Les autres étymologies sont moins satisfaisantes.

(2) I Mach., VII, 12-13; Cf. Jos., Ant. Jud., XII, XVI.

(3) Talmud, Hagguidah, 186 ; Schabbath, 15.

tête l'oncle d'Alkimos, José-ben-Joézer, président du Sanhédrin, prêtre qui, jusqu'à ce jour, avait énergiquement soutenu les Machabées ou Asmonéens.

Les scribes « cherchaient le droit », dit l'auteur sacré. En d'autres termes ils examinaient s'ils pouvaient se soumettre au haut sacerdoce d'Alkimos, qui venait avec des paroles de paix; c'est-à-dire avec des paroles de respect pour la loi mosaïque. La qualité d'Aaronide du protégé des Syriens leur inspirait confiance. Le pontife qui demandait leur concours n'était ni un Benjamite comme Ménélaos, ni un paganisant comme Jason. Sans doute une profession de foi orthodoxe et des garanties suffisantes pour la pratique de la religion auraient désarmé les scribes et les hassidim, fatigués de la guerre, et ils auraient abandonné les Machabées qui, en fait, n'étaient pas les héritiers de la tiare par droit de famille car l'héritier légitime était Onias IV, fils du pontife déposé par les Syriens (1). Aussi ne peut-on s'expliquer que par des incidents complètement inconnus, survenus pendant les négociations, comment Alkimos et Bacchide envoyèrent soixante scribes à la mort et firent crucifier José-ben-Joezer (2). La terreur amena la soumission de la plupart des Juifs.

On ne vit plus qu'une petite troupe fidèle à Judas Machabée qui, tout en continuant la lutte contre les Syriens, négocia avec les Romains, alors tout puissants en Asie. Le texte du traité rappelle les conventions faites par le Sénat avec les cités confédérées (3). Vasselage pour vas-

(1) Onias IV n'a jamais pris possession de la tiare en Judée. Il s'installa au temple de Léontopolis en Egypte.

(2) Probablement une partie des scribes appartenaient au Sanhédrin dont on n'entend plus parler ensuite jusqu'à Hyrcan I.

(3) Voir BOUCHÉ-LECLERCQ, *Manuel des instit. rom.*, p. 197.

selage, le chef juif préférait celui de la grande République, respectueuse de la religion de ses petits alliés.

D'après le Talmud, la politique étrangère de Judas n'aurait pas été goûtée des hassidim. Un docteur, José-ben-Jochanan, qui avait été ab-beth-din ou vice-président du Sanhédrin, lui aurait reproché « de mettre son appui dans des créatures de chair (1) ». L'incident, ignoré par Josèphe et les auteurs sacrés, est douteux, mais il n'est pas invraisemblable à cause de l'intransigeance de certains mebinin. Une chose est certaine, la rapidité des événements ne permit pas à Judas de recueillir les fruits du traité. Attaqué de nouveau par des forces très supérieures et abandonné de la plus grande partie de ses compagnons, il périt glorieusement les armes à la main (160).

Alkimos, établi à Jérusalem, mourut peu après, au moment où il faisait abattre dans le Temple la séparation entre le parvis du peuple et le parvis des Gentils. Créature des Syriens, il n'avait pas l'autorité nécessaire pour défendre contre leurs exigences la sainteté de la maison de Dieu.

La mort d'Alkimos simplifia la situation. Démétrius ne s'obstina pas à imposer un grand-prêtre aux Juifs et se soumit plus facilement aux avis de Rome.

Jonathas, frère et successeur de Judas Machabée, profita des compétitions de nombreux prétendants au trône de Syrie pour affermir sa domination par les armes et surtout par les négociations. Il se fit ainsi reconnaître les titres de nassi et de grand-prêtre, portés autrefois par les Tsadokites (153).

(1) Talmud, *Hanouka*, 140. D'après la même source, Judas aurait également cherché l'appui des Parthes, ennemis des Séleucides. On ne sait rien par ailleurs de cette négociation.

Le principat de Jonathas (153-144) et celui de Simon (144-135), frère et successeur du précédent, furent une période de renaissance. Les deux pontifes gouvernèrent sans l'assistance du Sanhédrin, dispersé depuis la mort tragique de José-ben-Joézer. L'assemblée les eut gênés dans leur œuvre de pacification. Les docteurs hassidites, — bientôt devenus les docteurs pharisiens, — auraient vu d'un mauvais œil non seulement le double renouvellement de l'alliance avec Rome, mais l'amnistie accordée aux partisans de la domination syrienne. D'un autre côté, il est permis de supposer que les deux frères n'avaient pas oublié la défection des sopherim à l'avènement d'Alkimos et en avaient conservé une certaine rancune. Quoi qu'il en soit, l'aristocratie juive, — qui constitua peu après le parti sadducéen, — fut bientôt appelée à la direction des affaires à cause de sa connaissance de la diplomatie et de l'administration.

Jean Hyrcan I succéda à son père Simon. Il vainquit les Iduméens, les Samaritains et rasa le temple du mont Garizim. Les progrès du pharisaïsme, mécontent de la faveur de l'aristocratie, l'obligèrent à reconstituer le Sanhédrin et à y appeler les docteurs. Une fois cette concession faite, il aurait volontiers gouverné en arbitre. L'insolence d'un sopher le rejeta vers les hautes classes.

Aristobule I, successeur d'Hyrcan, prit le titre de roi. Le surnom de Philhellène, qu'il accueillit favorablement, marque les tendances de son règne ; il soutient son pouvoir par des levées de mercenaires, frappa des monnaies grecques et changea le nom juif de sa femme Salomé en celui d'Alexandra. L'hellénisme, contre lequel s'étaient levés les premiers Asmonéens, triomphait sous l'arrière-petit-fils de Matthatias et le parti sadducéen applaudissait. Aristobule fut remplacé par son frère Yanaï ou

Alexandre Jannée, qui épousa sa belle-sœur Salomé-Alexandra. Vainement justifia-t-il ces noces par la prescription du lévirat, les docteurs les condamnèrent parce que, d'après le Lévitique, le grand-prêtre devait unir son sort à celui d'une vierge de la tribu sainte. L'opposition des pharisiens était puissante, soutenue par la plus grande partie du peuple ; le nouveau roi la combattit ouvertement. Une guerre civile de plusieurs années éclata à la suite d'un incident survenu à la fête des Tabernacles. Jannée mourut, laissant la couronne à Alexandra et l'éphod à son fils Jean Hyrcan.

La reine Alexandra, sœur d'un des principaux docteurs, Simon-ben-Schétah, prêta une oreille attentive aux conseils des pharisiens et écarta les sadducéens du pouvoir. Son règne fut heureux et elle fut chérie de ses sujets. Malheureusement, les années de paix qu'elle avait données à la Judée ne durèrent pas. Les luttes des partis recommencèrent après elle et furent compliquées par la rivalité de ses deux fils ; l'un, Hyrcan, voulait joindre la couronne à la tiare ; l'autre, reconnu roi, prétendait être également pontife. Bientôt les princes n'eurent d'autre alternative que l'arbitrage de Pompée. Le général romain se décida en faveur d'Hyrcan qui réunit l'autorité spirituelle à l'autorité temporelle, mais dut se contenter du titre d'ethnarque (64.) Un Iduméen, Antipater, exerça la réalité du pouvoir et les conquêtes des Asmonéens furent enlevées à la Judée.

Aristobule II mourut prisonnier des Romains ; son fils Antigone échappa à la surveillance du Sénat et s'empara de Jérusalem avec l'appui des Parthes, demeurés libres d'intervenir en Palestine par suite des troubles qui suivirent la mort de César. Des deux fils d'Antipater, l'un, Phasaël, se suicida ; l'autre, Hérode, se réfugia près d'Antoine, Hyrcan fut emmené prisonnier à Baby-lone. La Judée ne pouvait être laissée à un prince allié des Arsacides ; une armée commandée par Sosius, con-duisit Hérode à Jérusalem et l'installa sur le trône comme un de ces vassaux couronnés que Rome entrete-nait afin d'avoir, selon l'expression de Tacite, des instru-ments de servitude pour le monde.

Hérode, toujours prêt à répandre le sang, régna par la terreur ; il envoya à la mort les sanhédrites pharisiens et la famille asmonéenne. Il fut généralement soutenu par les sadducéens. Son gouvernement fut intelligent et la Judée eut un renouveau de prospérité qui dura plus d'un demi-siècle. Les évangiles et les écrits de Josèphe nous montrent, dans ce pays de petite propriété et de petite culture, une véritable richesse agricole et un com-merce florissant.

A la mort d'Hérode, les Juifs demandèrent la déposi-tion de la dynastie iduméenne. Auguste ne les écouta pas, mais il divisa le royaume du prince défunt en trois parties, la tétrarchie de Trachonite et d'Iturée donnée à Philippe, la tétrarchie de Galilée et de Pérée, concédée à Hérode-Antipas, et l'ethnarchie de Judée, confiée à Archélaüs. Bientôt ce dernier fut déposé à cause de sa tyrannie et son lot fut réuni aux possessions romaines sous le nom de province impériale de Judée. Le procu-rateur à juridiction étendue qui l'administrait, sous la haute surveillance du gouverneur de Syrie, résidait à Césarée. De sa préfecture il surveillait le pays, levait les impôts, laissait aux indigènes la liberté religieuse, l'ad-ministration de la basse et de la moyenne justice selon les lois mosaïques. Le Sanhédrin fut investi de la direc-tion des affaires intérieures ; l'aristocratie sadducéenne y avait la majorité et la présidence était dévolue au grand-prêtre. Toutefois les procurateurs, en vertu du droit de haute police politique, pouvaient nommer et révoquer les pontifes.

Le peuple, dominé par les rabbis pharisiens, supportait avec impatience cette situation et attendait anxieusement l'avènement du Messie qui, selon la fausse interprétation des prophéties, devait donner aux Juifs l'empire du monde. Les plus impatients se révoltèrent, lors de l'organisation de la province romaine, sous la direction de deux disciples de Schammaï, Sadoc et Judas le Gaulonite. Leur devise était : « Pas de maître sauf Dieu. » Ils se donnèrent le titre de zélateurs (kénaïm). Ils furent vaincus, mais ils laissèrent dans la nation un levain de sédition qui couvait pour l'avenir.

Telle était la situation générale du pays quand Jésus-Christ commença sa vie publique. Le peuple, ému de sa prédication et de ses miracles, était prêt à le suivre dans la révolte contre les princes iduméens et contre Rome, s'il s'était déclaré le messie guerrier des rêves de la nation (1). Mais « son royaume n'était pas de ce monde (2). » Nous savons comment il succomba sous la coalition des pontifes sadducéens et des docteurs pharisiens, unis pour un jour contre sa personne, et comment il racheta l'humanité après avoir accompli les prophéties dans leur intégralité et leur véritable signification (7 avril 30).

Ponce-Pilate, qui avait joué un si triste rôle dans le procès et la condamnation du Seigneur, avait déjà été disgrâcié quand les Juifs furent très inquiets par suite de l'ordre qu'avait donné Caligula de placer sa statue

---

(1) Paulus, *Les Juifs et le Messie*, t. II, t. III, passim.
(2) *Joan.*, XVIII, 36.

dans le Temple. L'affaire n'eût pas de conséquences fâcheuses par suite de la mort de cet empereur. Bientôt après Agrippa Ier, protégé successivement par le prince défunt et par Claude, réunit sous son sceptre les territoires qu'avait possédés son aïeul Hérode Ier. Il fut bien accueilli par ses sujets car le sang des Asmonéens coulait dans ses veines (il était petit-fils de Mariamne et arrière petit-fils d'Hyrcan II). Malgré son éducation gréco-latine il gouverna en prince juif, prodigua les marques de respect au Temple et à la religion, agrandit Jérusalem d'un quartier (Bézétha) et fortifia la ville. Il l'eut rendue inexpugnable si le pouvoir central n'avait arrêté ses travaux. A sa mort la Judée redevint province romaine (1).

C'était le retour à la politique d'Auguste et de Tibère. La province de Judée formait une sorte de territoire militaire soumis à un état de siège permanent. La nombreuse population de Jérusalem remuante, hostile aux étrangers, animée d'un esprit de nationalité irréductible, aurait suffi, à elle seule, à décider l'empire romain à prendre des précautions. L'affluence journalière des pèlerins, mille fois centuplée à des époques fixes, était une seconde raison de constituer un gouvernement armé de pouvoirs étendus, capable d'arrêter, dès le début, des troubles toujours menaçants et de prévenir une insurrection générale par la répression énergique et immédiate des fauteurs de rébellion. On venait de voir qu'un prince juif ne pouvait remplacer un fonctionnaire im-

---

(1) Claude ne transféra pas le trône à Agrippa II, fils du prince défunt. Il donna le titre de *Protecteur du Temple* à Hérode de Chalcis, oncle du jeune homme ; plus tard Agrippa II fut investi de la souveraineté de quelques provinces syriennes.

périal dans cette dictature. Agrippa, élevé à la cour des Césars, avait été conduit, pour acquérir la faveur de ses sujets, à flatter les instincts séparatistes, à nouer des alliances, à fortifier des points stratégiques et à créer une armée nationale.

VI

LA RELIGION ET LA NATIONALITÉ. — LA CATASTROPHE FINALE

La Vierge immaculée résumait les annales de sa nation, quand elle s'écriait, dans un élan de reconnaissance et d'amour : « Se souvenant de sa miséricorde, Dieu a pris sous sa sauvegarde Israël, son serviteur, comme il l'avait promis à nos pères, à Abraham et à sa postérité pour toujours (1). » Israël a été choisi par l'Eternel et jusqu'au dernier moment de son histoire, — qui est loin d'être terminée dans l'ordre messianique, — il verra Dieu intervenir dans ses destinées et préparer le jour où ses fils salueront, comme leur divin Maître, le Crucifié du Calvaire, par les paroles de l'entrée triomphale à Jérusalem : Béni soit celui qui vient au nom du Seigneur ! Hosannah au Fils de David !

El Schaddaï, le Dieu puissant, choisit Abraham et

(1) Déjà Isaïe avait écrit : « Toi, Israël, mon serviteur Jacob, que j'ai choisi, race d'Abraham, mon ami, toi que j'ai dirigé des extrémités de l'Egypte et que j'ai appelé de ses zônes éloignées, je l'ai dit, je t'ai choisi et je ne te regretterai pas. Ne crains rien car je suis avec toi ; n'hésite pas car moi, moi, ton Elohim, je t'ai fortifié et je t'ai soutenu... Moi, Yahveh, ton Elohim, je te donne le courage ; moi je te dis : « Ne crains rien, je te secourrai » Non, ne crains pas, toi, vermisseau de Jacob, petit peuple d'Israël, je te secourrai, dit Yahveh ; le saint d'Israël sera ton sauveur ». *Isaïe*, XLVI, 8-14.

ses compagnons comme une petite troupe d'adorateurs qui, au milieu de l'idolâtrie envahissante, est demeurée fidèle au vieux monothéisme. Aussitôt le patriarche quitte sa famille devenue fétichiste et se rend dans la terre que lui montre le Seigneur. Peut-être le souvenir de la révélation primitive est-il très obscurci parmi les ancêtres du peuple de Dieu, peut-être la lumière de la vérité n'est-elle plus pour eux qu'un mourant crépuscule et les ombres grandissantes ne permettent-elles plus à leurs yeux qu'une vision indécise des choses célestes. Mais Yahveh fait luire l'aube d'un jour nouveau par des révélations successives ; il conclut une alliance avec la tribu nouvelle, à laquelle sont sans doute venus s'adjoindre quelques nomades fidèles au culte de El, le Dieu fort.

La société théocratique est formée, la religion en est le lien, la circoncision la marque imprimée sur la chair des adhérents au pacte divin ; le culte est très simple, comme pouvait le pratiquer une tribu errante, borné à l'offrande des victimes choisies parmi certaines espèces d'animaux réputés purs, à l'abstention, du sang à l'observation du repos du septième jour. Ce culte, dont l'origine est inconnue, est déjà traditionnel, la Genèse en constate l'antiquité quand elle parle de la distinction entre les animaux purs et les animaux impurs dans le récit du déluge et quand elle place la prohibition de manger la chair d'aucun animal avec son sang parmi les ordonnances de Dieu après le cataclysme (1). La morale est basée sur la loi naturelle, écrite dans le cœur de chaque homme et aussi ancienne que la révélation primitive ; mais, sous l'influence du milieu, la mo-

____

(1) *Gen.*, vii, 2 ; ix, 4.

nogamie, indiquée au premier couple humain comme la base de la société conjugale, n'était plus qu'un souvenir (1), et l'esclavage était devenu une institution du droit des gens. La tribu sainte n'est pas une société fermée et ouvre ses rangs aux étrangers, — par exemple aux Taréchites et aux Araméens venus de la Mésopotamie avec Jacob, — sous la seule condition de l'adoration de Yahveh et de la pratique des commandements. Cependant quelque simple qu'il fût, le lien religieux fut assez puissant pour durer des siècles au milieu de la société passée dans la terre de Gessen et quand sonna l'heure de l'exode, tous ses membres se levèrent à la voix du prophète qui parlait au nom du Dieu de leurs pères.

Moïse, l'organisateur du peuple d'Israël, fit de la religion la base de sa législation, laquelle demeura un code intangible, même quand la coutume prévalut contre certaines prescriptions incompatibles avec un nouvel état de choses (2). Les ordonnances les plus rigoureuses,

______

(1) Peut-être un idéal, Isaac est l'époux monogame de Rébecca. Les pallacides ou femmes du second rang sont considérées comme les coadjutrices de l'épouse du premier rang et enfantent pour leur maîtresse. Voir *Gen.*, xvi, xxx. Ce sont là les coutumes d'une très haute antiquité. Voir FUSTEL DE COULANGES, *La cité antique* ; BOUINAIS et PAULUS, *Le culte des morts dans le Céleste Empire et l'Annam*, 2e partie.

(2) Il y eut des suspensions temporaires ou des interprétations diverses de certaines lois mosaïques par les prophètes ; certaines prescriptions tombèrent en désuétude en tout ou en partie (par exemple le repos de la terre à l'année sabbatique et le retour des terres aux premiers possesseurs à l'année jubilaire), mais la loi, étant un texte sacré, demeura intangible, tandis que les ordonnances des diverses autorités des époques postérieures n'y furent jamais insérées. Le respect du texte fut poussé si loin que certaines prescriptions, portées par le législateur dans le Code sacerdotal, y restèrent écrites, même quand lui-même les eut abrogées dans le Deutéronome.

celles qui constituaient un joug pesant (1), mais étaient écrites pour assurer par une forte discipline le particularisme de la nation, furent longtemps repoussées par un peuple toujours disposé à se mêler aux étrangers et à adopter les mœurs des Gentils ; les prescriptions sur l'unité du sanctuaire, sur les pèlerinages aux grandes fêtes de l'année restèrent longtemps une lettre morte à cause des difficultés présentées pendant l'époque troublée des Schôfetim. Cependant malgré ses infidélités répétées pendant plusieurs siècles, malgré sa participation au culte des Baalim, malgré ses mariages avec la race chananéenne, Israël se rappelait son Dieu et, quand l'excès de la misère le fit sortir de son apathie, il se groupa d'instinct autour du chef de la religion. Samuel, qui exerça ensuite le pouvoir théocratique, n'eut qu'à ramener les tribus à l'observance de la loi pour relever la nationalité et l'institution des écoles de prophètes n'eut d'autre but que d'assurer la rénovation morale, garantie de l'indépendance.

David s'inspirait des instructions de Moïse quand il faisait transporter l'Arche à Jérusalem et songeait à la construction du Temple. Alors la piété donna la main à la politique pour l'accomplissement des desseins divins et il fallut l'aveuglement des dernières années pour que Salomon, le constructeur du sanctuaire, favorisât le polythéisme, l'agent le plus redoutable du séparatisme au milieu des tribus si récemment et si difficilement unies.

Survint le schisme de Jéroboam qui ne fut pas moins fatal aux tribus septentrionales au point de vue politique qu'au point de vue religieux. Mêlées dans une certaine mesure d'éléments étrangers, moins pénétrées par l'influence de la réforme de Samuel que les tribus du sud,

____

(1) *Act.*, xv, 10.

elles auraient eu plus besoin que celles-ci encore de vivre sous la direction suivie du prophétisme pour s'attacher complètement à Yahveh par un culte strictement orthodoxe et elles se trouvaient rejetées vers le monothéisme bâtard des veaux d'or lequel se trouva impuissant à les garantir contre l'invasion répétée du polythéisme phénicien. Quand Samarie tomba, un siècle et demi avant Jérusalem, son peuple, transporté en Assyrie, ne sut, guère se défendre contre l'absorption par l'étranger et fut définitivement perdu, — en grande partie du moins, — pour le pur monothéisme et pour la nationalité juive.

Juda, au contraire, fut sauvé et demeura une nation. Mais, à la différence des sujets du royaume voisin, il vivait groupé autour du Temple, soumis à la dynastie qui avait le privilège des promesses messianiques, répétées et développées par une légion de nébiim. Il se forma « un petit reste » de fidèles qui ne s'écartèrent jamais du mosaïsme et ce petit reste, accru en nombre et en ferveur pendant les sombres jours de la captivité babylonienne, fournit les éléments à la restauration post-exilienne.

Aussi les chefs de cette restauration donnèrent-ils le premier rang au mosaïsme dans la renaissance de la société juive. Zorobabel et le grand-prêtre Josué reconstruisirent le Temple et réorganisèrent le culte ; Néhémie rétablit le règne de la Thorah et renouvela l'alliance du Sinaï. Esdras conçut un plan plus vaste ; d'un côté, il assura la perpétuité du gouvernement sacerdotal, surveillé et protégé contre ses propres faiblesses et contre l'influence pernicieuse de l'aristocratie par l'action des docteurs ; d'un autre côté, il unit entre elles les petites sociétés juives dispersées dans l'Orient par la création des synagogues. Cette double tentative fut heureuse ; à l'intérieur les formes du gouvernement se perpétuèrent dans les grandes lignes jusqu'à l'époque de la suprématie romaine ; à l'extérieur son œuvre fut encore plus puissante ; elle est encore jeune après plus de vingt sièles d'existence et aujourd'hui si Israël conserve, non seulement sa religion, mais encore sa nationalité malgré la dispersion aux quatre coins du monde, c'est à Esdras qu'il le doit.

Nous n'avons qu'à indiquer en passant ce dernier résultat, qui sort de notre sujet, mais nous avons à insister sur le service rendu dans la métropole par la réforme d'Esdras. Les docteurs et les scribes qu'il avait appelés à une activité continue dominèrent le peuple et maintinrent l'attachement à la loi contre l'aristocratie ambitieuse et toujours portée aux imitations étrangères ; ils dirigèrent la résistance des hassidim quand les chefs des grandes familles associés à un certain nombre de princes des prêtres, cherchèrent à la cour d'Antioche un appui pour leurs entreprises ambitieuses et pensèrent à introduire les mœurs grecques dans la ville sainte. Jérusalem resta juive et yahviste grâce aux hassidim qui firent la force de l'armée de Judas Machabée.

Les services rendus à cette époque par les mébinin et les sopherim sont incontestables et méritent d'être loués. Malheureusement l'exaspération de la lutte les fit sortir de la juste mesure et, sous prétexte de fidélité à la Thorah, ils s'attachèrent surtout à la pratique des observances rituelles qu'ils doublèrent d'ordonnances puériles quelquefois contraires à l'esprit de la loi. Comme le dira un jour le Sauveur, ils arrivèrent parfois à mettre à néant les commandements du Sinaï afin de les remplacer par de prétendues traditions des anciens et à enseigner des doctrines humaines (1).

(1) *Matth.*, xv, 3-7 ; *Marc.*, vii, 11-13.

Les événements politiques tournèrent contre les docteurs. Les Asmonéens firent presque toujours cause commune avec le parti aristocratique et sadducéen et, quand les Asmonéens disparurent de la scène, quand la dynastie des Hérodes et les procurateurs romains occupèrent le pouvoir, qu'ils partagèrent avec les chefs des grandes familles et un sacerdoce dégénéré, les mébinin pharisiens se lancèrent dans une opposition implacable.

Alors les docteurs prétendirent encore agir au nom de la religion, mais, nous venons de le dire, ils avaient dénaturé le mosaïsme, ils avaient transformé le particularisme de la loi en un farouche exclusivisme et ils tournèrent le patriotisme en haine sauvage contre les gentils, pendant qu'ils donnaient une interprétation absurde aux prophéties messianiques. La vraie religion n'a rien à voir à leurs fureurs insensées, à leurs prises d'armes sous des imposteurs qu'ils voulaient reconnaître comme le prophète annoncé par Moïse après avoir rejeté le Christ de Dieu.

Quatorze années de paix avaient été laissées à la Jérusalem déicide afin de féliciter les premiers progrès de l'Eglise. Malheureusement, s'il y eut de nombreuses conversions individuelles, la masse du peuple resta sourde à la prédication apostolique et, c'est pour complaire à ses sujets qu'Agrippa I, après avoir fait décapiter saint Jacques le Majeur, tenait saint Pierre en prison pour l'envoyer à son tour à la mort.

Après Agrippa les sinistres prophéties prononcées sur Sion commencèrent à s'accomplir. La Judée perdit pour la dernière fois l'ombre d'indépendance que lui avaient laissée les règnes d'Hérode et d'Agrippa ; le régime des procurateurs romains eut pour résultat immédiat la recrudescence de l'hostilité des pharisiens intransigeants contre la domination étrangère, le patriciat et le sacerdoce sadducéens. Les fils de Judas le Gaulonite, Jacques et Simon, reprirent les projets de leur père; ils furent saisis et crucifiés, mais leur frère Manahem se fit le chef des pauvres contre les riches. « Les puissants pressuraient le peuple, dit Josèphe, le peuple rêva la perte des puissants; les uns étaient animés par l'esprit de domination, les autres par l'esprit de violence et de pillage. » Les débris des bandes de Judas et de Simon étaient réfugiés dans les montagnes; ils vivaient sur le pays et, sous le nom de *sicaires* (1), ils se chargeaient d'assassinats contre argent comptant; parmi eux se trouvaient de nombreux hallucinés à la manière des Camisards des Cévennes ; c'était le temps des faux christs et des faux prophètes.

Sept procurateurs gouvernèrent la province, se succédant pour s'enrichir aux dépens de leurs administrés, surtout pendant le règne de Néron ; l'empereur, occupé à courir la nuit les rues de Rome ou à dépenser ses journées en histrion, n'avait pas le temps de surveiller ses fonctionnaires.

Gessius Florus fit le dernier et le plus mauvais des procurateurs. « Bien que son prédécesseur Albinus fût de mauvaise vie, dit Josèphe, Florus le fit considérer comme un homme de bien en comparaison de lui-même. » Cependant, tels étaient les désordres du pays, les inquiétudes du lendemain, la crainte des sicaires et les menaces d'une révolution sociale que les hommes sages désiraient la perpétuité de sa domination. « Priez pour l'Empire romain, disait R. 'Hanina, car si la terreur

(1) Ils étaient armés d'un fort poignard, court et recourbé, *sica*, de là le nom de σικαροι, *sicarii*.

de sa puissance venait à disparaître, chacun dévorerait son voisin tout vivant. »

La sédition finale fut l'œuvre du parti révolutionnaire juif, issu du pharisaïsme exalté de l'école de Schammaï, et eut pour cause prochaine l'insolence et les provocations de Gessius Florus. Bien qu'ils fussent une minorité divisée contre elle-même, les zélotes imposèrent leurs volontés, non seulement à l'aristocratie, mais à la masse de la nation terrorisée par leurs violences. Commencée au mois d'octobre 66, la guerre dura quatre années. L'issue ne pouvait en être douteuse, Jérusalem devait être écrasée et elle l'aurait été plus tôt sans les troubles qui suivirent la mort de Néron et se continuèrent dans tout l'Empire jusqu'au triomphe des Flaviens. Enfin Titus entra dans Jérusalem au mois de septembre 70. « Tout le pays, dit Josèphe, avait été dévasté dans un rayon de quatre-vingts stades. L'aspect en était déplorable. Tous les arbres avaient été coupés, et cette terre, ornée autrefois de bois et de jardins, présentait l'aspect d'un désert. L'étranger qui avait vu jadis la Judée et les magnifiques campagnes qui environnaient Jérusalem n'aurait pu s'empêcher de verser des larmes. Quiconque connaissait la ville, y eut été transporté, n'eut pu la reconnaître et l'eut cherchée sur son propre emplacement. »

TABLE DES MATIÈRES

Saint-Amand (Cher). — Imprimerie BUSSIÈRE.